イタリア・オペラを疑え！

香原斗志
Kahara Toshi

名作・歌手・指揮者の真実をあぶり出す

ARTES

まえがき

Forword

イタリア・オペラの位置づけは複雑かつ微妙である。

そもそもオペラというジャンルに対して、高尚で敷居が高いものだと思いこんでいる人が多い。しかし、じっさいはどうか。オペラの主題は多くの場合が恋愛であり、なかでも不倫がめだつ。

たとえばモーツァルトがロレンツォ・ダ・ポンテのイタリア語台本に作曲したいわゆるダ・ポンテ三部作は、天才音楽家の芸術的営為の頂点のように語られるが、描かれているのは所詮は不倫。《フィガロの結婚》では、スザンナに手を出そうとするアルマヴィーヴァ伯爵にはロジーナという妻がいるし、人妻のロジーナはケルビーノという若い男にねらわれている。《ドン・ジョヴァンニ》では、ジョヴァンニが関係をもった二千人を超える女性のなかに数多くの人妻がふくまれていることが、レポレッロの「カタログの歌」から明らかで、ジョヴァンニは不倫の常習犯なのだ。《コジ・ファン・トゥッテ》は、主役の男女四人は独身ではあるけれど、二人の女性はフィアンセがいながら「別の男」と結ばれようとするのだから、これも不倫に準じるといえる。

高尚どころか、ワイドショーのように卑俗だといったほうが、まだ近いのではないだろうか。すくなくとも敷居が高いからと腰が引けるような世界ではない。

その一方で、オペラは交響曲にくらべて格下だという思いこみも根づよい。とりわけイタリア・オペラは、耳に心地よいメロディーと内容のない技巧的な歌によって、感覚に訴えるだけの薄っぺらな音楽だととらえるむきがある。その証拠に、ロッシーニは同じ音楽をなんども使いまわし、ドニゼッティは短期間にオペラを粗製乱造し、ヴェルディのオーケストレーションはズンチャッチャが繰りかえされ単純で、同じ年に生まれたワーグナーとくらべるべくもない——というのである。

なじみのない人からは、むやみに買いかぶられて敬遠され、音楽好きからは実像以上に軽く見られている。すでにイタリア・オペラの魅力の虜《とりこ》になっている人にはどうでもいい話かもしれないが、じつは周囲は疑いの眼差しに囲まれ、連帯の輪を広げにくい状況だといえる。

かくいう私は、すでに魅せられてひさしいが、イタリア・オペラが置かれた八方ふさがりともいうべき状況に、忸怩《じくじ》たる思いをいだいてきた。ひとつは、難しくないのだから味わわなければもったいない、という気もち。もうひとつは、ロッシーニのどこが軽薄なのか。ドニゼッティのなにがいい加減なのか。ヴェルディが低級だとはなんたるいい草だろう。そもそもオペラがなぜ交響曲の格下に置かれなければならないのか。イタリア音楽がドイツ音楽に劣るだなんて歴史を知っているのか——。そんな思いである。

要は、イタリア・オペラは、その世界に近づいたことがない人からも、音楽になじみがある人からも、もっといえば、音楽を学んでいる人や専門にしている人からも、誤解されている。いいかえれば先入観が蔓延《まんえん》し、それにとらわれている人がめだつ。だったら先入観を解いてやろうではないか、というのが本書の主旨である。そのためには巷間《こうかん》いわれていることを、まず疑ってみるところからはじめるしかない。

序章では、オペラを主軸にイタリアがリードしてきた音楽の歴史がドイツ人によって歪曲された事実を明らかにした。第一章には、オペラの世界の「常識」がいかに誤った先入観に左右されているかを示した。第二章は、おなじ手法をオペラ史の「常識」へと広げた。第三章は演奏家にかんする「常識」にいどんだ。そして終章では、今日「常識」となりつつある読みかえ演出のブームに釘をさした。

常識に異をとなえたからといって、奇をてらったところはない。また、どの項から読んでいただいてもかまわないように書かれている。オペラの入門者はもちろん、必ずしもオペラに詳しくない音楽ファンにも楽しんでもらえるはずだ。また、イタリア・オペラのコアなファンや演奏家の方々のさらなる関心も喚起できるのではないかと思う。

疑って、疑いぬいて、イタリア・オペラの豊かな世界に魅了される人がひとりでも増えれば、これ以上のよろこびはない。

まえがき　Forword……001

序章　Prologue
虐げられてきたイタリア・オペラの地位を疑え！……010
ドイツ人の栄誉のための音楽史／ドイツの民族派のよりどころ、ヘーゲルのロッシーニ賛／常識を疑って先入観から自由になろう

第1章　Chapter One
イタリア・オペラの常識を疑え！

1 イタリア・オペラならではの「官能性」の意外なよりどころ……027
ロッシーニとワーグナーの共通点／イタリア人は声を発する場所がちがう

2 いろいろな「エディション」があるオペラの正しい楽しみかた……033
マクベスがいまわのきわにモノローグを歌ったわけ／蛇足に思える音楽にも意味がある

3 「ベルカント」というやっかいな語とのつきあいかた……040
一八四〇年ごろまでの歌唱様式のこと／二つの意味のどちらをさしているか、要注意！

4 二人の天才、ロッシーニとミケランジェロの意外な共通点……045
普遍的だから転用できる／現実を超えた表現の絶対性

5 水と油のようで影響しあっていたロッシーニとベートーヴェン …… 051
両者の音楽は遠くない！／「第九」に勝るとも劣らない

6 速攻でオペラを書きあげてもドニゼッティはいい加減ではなかった …… 058
作曲技術がずば抜けて高かった／感情を惜しみなく注ぎこんだ

7 「ロッシーニ・ルネサンス」が進んで「ヴェルディ・ルネサンス」が進まない理由 …… 064
ヴェルディが意図しなかった「演奏慣習」が踏襲される／上演が途絶えなかったばかりに

8 ゆがめられてきた「ベルカント」の最新現場レポート …… 070
二十世紀の「伝統」を踏襲した《ノルマ》／初期ロマン派の響きに近づいたヴェネツィアの《ルチア》

9 《ラ・トラヴィアータ》初演をあえて「失敗」としたヴェルディの戦略 …… 079
遅れに遅れた台本制作と作曲／ヴィオレッタは完璧に歌い絶賛されていた

10 「設定を現代に移したほうがリアリティをえられる」のウソ …… 085
検閲に翻弄された《仮面舞踏会》／「いま」の反映よりも「音楽の力」

11 スペクタクルの代名詞《アイーダ》は室内楽的なオペラだった …… 091
悲劇的な前奏曲が《アイーダ》の本質を語っていた／悲劇の静謐さを強調するための輝かしい凱旋

12 米軍人の「慰安婦」だった蝶々さんはプッチーニの理想の女性 …… 096
政治性を薄めたかった／愛や情熱こそがモラル

第2章　Chapter Two
イタリア・オペラの歴史を疑え！

1　装飾過多なのに「バロック・オペラ」がモダンに聴こえる理由 …… 103
ロマン派音楽よりロックに近い／響きすぎない楽器の鋭い音でリズムがきわだつ

2　言葉と音楽が乖離したロッシーニ《ランスへの旅》の価値 …… 110
言葉と音楽を一体化させたくなかった／美酒と美食が似あうオペラ

3　「ベルカントの最高傑作」のはずなのに
ベルカントから乖離していた《ノルマ》 …… 114
ノルマはメッゾソプラノでアダルジーザはソプラノ／理想的なバルトリの歌唱

4　《愛の妙薬》と《ドン・パスクワーレ》にみるオペラ・ブッファの進化 …… 121
愛のために死ぬことができる／田園とブルジョワ

5　ヴェルディ《ナブッコ》は「愛国的オペラ」ではなかった …… 128
ヘブライ人の合唱に聴衆は熱狂しなかった／バリトン、ジョルジョ・ロンコーニの勝利

6　ヴェルディ初期のマイナーオペラはこんなにすばらしい …… 135
演奏機会が少なくてよかった三つの点／すぐれた演奏でよみがえる崇高な歴史劇

7　ヴェルディといっしょに成長した出世オペラ《ドン・カルロ》 …… 141
数々のエディションの存在／ヴェルディも墓場にもっていったか？

8　二つの《オテッロ》のそれぞれの価値 …… 146
台本に対する評価の差／「ベルカント」と「強靭な朗唱」

9 歴史劇《アンドレア・シェニエ》がなぜ庶民の日常を描いた「ヴェリズモ」か …… 153
「道徳」から「肉欲」へ／「現実」を雄弁に表現しようとした結果

10 原作と異なる《ラ・ボエーム》のミミが創作されるまで …… 158
書きなおしにつぐ書きなおしで創作された「理想」／個人的な関心事に生きるヒロインたち
自由奔放で男と男のあいだを渡り歩くミミ／

11 ロッシーニ最後のイタリア・オペラとプッチーニ最後のオペラのあいだにあるもの …… 169
ベルカントの展覧会と大出力のスーパーカー／
異なる様式のオペラをつづけざまに楽しめる幸せ

第3章 Chapter Three
イタリア・オペラの歌手と指揮者を疑え！

1 テノールのとんでもない超高音がベッリーニの《清教徒》に頻出する理由 …… 176
胸声と頭声を接続させていた／実演で自然なハイF！

2 グリゴーロにみるテノールの、そして歌手の危機の克服法 …… 183
キャリアは「ノー」といってはじまる／過去にポップスで大成功

3 変わり目にいるフローレスへの危惧と期待 …… 189
三分を超える拍手とブラーヴォ／難役を二十年歌いつづけた声の成熟

4　レオ・ヌッチの歌に衰え知らずのまま円熟味が加わる理由 …… 199
衰えない声と円熟の表現が両立／まわり道をしたからこそのいま

5　日本人歌手が活躍する道を《蝶々夫人》にさぐる …… 204
プッチーニが望んだのは叙情的な声／イタリア人の生理と日本人の生理

6　イタリア人若手指揮者「三羽烏」それぞれもち味はこんなにちがう …… 212
「芸術の民族主義」を嫌うルスティオーニ／十九世紀末から二十世紀を好むバッティストーニ

7　日本人「脇園彩」は世界のメッゾソプラノになれるか …… 219
日本人離れした知性と意識の高さ／大スターになる可能性

終章　Final Chapter
「オペラを博物館に入れるな」の意味を疑え！ …… 229
音楽をささえる演出の満足度／ヴェルディを読みかえるむずかしさ／「博物館に入れる」のほんとうの意味／オペラも博物館に入れてはいけない

おわりに　Afterword …… 245

索引／参考文献 …… i

イタリア・オペラを疑え！

名作・歌手・指揮者の真実をあぶり出す

序章

Prologue

虐《しいた》げられてきたイタリア・オペラの地位を疑え！

しばらくまえのことだが、初台の新国立劇場でヴェルディのオペラの開演を待っているあいだに、客席から中年男性の声でこんな会話が聞こえてきた。

「ヴェルディという人は交響曲を作曲していないから、ちゃんとした作曲家としては認められていないんだよ」

男性が自信をもって端的にそういっていたために、この発言が場面の映像とともに脳裏に深く刻まれているのだが、おなじような主張は昔からいまにいたるまで、たびたび耳にしている。

たしかに、ジュゼッペ・ヴェルディ（一八一三～一九〇一）の作曲活動は、その中心がオペラであって、交響曲は書かなかった。ただし、それをいいだせばイタリアの著名なオペラ作曲家は、ジョアキーノ・ロッシーニ（一七九二〜一八六八）も、ガエターノ・ドニゼッティ（一七九七〜一八四八）も、ヴィンチェンツォ・ベッリーニ（一八〇一〜一八三五）も、ジャコモ・プッチーニ（一八五八〜一九二四）も、みな交響曲を作曲していないから真っ当な作曲家ではないことになってしまう。

かくいう私の認識も、子供のころはその男性とかわらなかった。小学校の音楽室の、ちょうど扉口の上の高さに肖像が貼られていた作曲家は、ゲオルク・フリードリヒ・ヘンデル（一六八五〜一七五九）にはじまって、ヨハン・ゼバスティアン・バッハ（一六八五〜一七五〇）、フランツ・ヨーゼフ・ハイドン（一七三二〜一八〇九）、ヴォルフガング・アマデウス・モーツァルト（一七五六〜一七九一）、ルートヴィヒ・ヴァン・ベートーヴェン（一七七〇〜一八二七）、フランツ・シューベルト（一七九七〜一八二八）、ロベルト・シューマン（一八一〇〜一八五六）……という面々だった。

だから私は単純に、西洋音楽は「音楽の父」であるバッハと「音楽の母」であるヘンデル（当時そのように教わった）にはじまり、彼らが築いた基礎のうえにハイドン以降、交響曲の歴史が綿々と積みあげられたのだと信じていた。断っておくなら、当時の私の認識が例外だったのではない。クラシック音楽との縁の深浅を問わず、多くの人の認識が似たようなものだったことは、そしていまなお似たようなものであることは、ことあるごとに感じてきた。

あらためて回想すると、私が通った小学校の音楽室に肖像が貼られていた音楽家は、その大半がドイツ人であり（滝廉太郎や山田耕筰、なぜかアメリカ人のスティーヴン・フォスターもいたけれど）、生年の順に並べられた肖像画があらわしていたのは、音楽史というよりドイツ音楽の歴史、さらにいえばドイツの交響曲の歴史であったことに気づく。

だが、考えてみれば、ドレミファソラシドにはじまって、フォルテも、ピアノも、クレッシェンドも、アレグロも、アンダンテも、フェルマータも、テンポも、音楽用語はたいていがイタリア語なのに、音楽の「父」と「母」はドイツ人だというのは不自然な話である。現実には「父」と「母」よりも先に生まれ、一時代を画し、後世の音楽に多大な影響をあたえた作曲家は数えきれないほどいる。ルネサンス期に教会音楽の礎《いしずえ》を築いたジュヴァンニ・ダ・パレストリーナ（一五二五〜一五九四）、バロック音楽の基礎をかため、オペラにはじめて生々しい感情を注ぎこんだクラウディオ・モンテヴェルディ（一五六七〜一六四三）、バロック時代に器楽曲を大きく発展させたアルカンジェロ・コレッリ（一六五三〜一七一三）、バロックから古典派への橋渡しをしたアレッサンドロ・スカルラッティ（一六六〇〜一七二五）、協奏曲やオペラで圧倒的な足跡を残したアントーニオ・ヴィヴァルディ

Giovanni da Palestrina

Claudio Monteverdi

Arcangelo Corelli

Alessandro Scarlatti

Antonio Vivaldi

（一六七八～一七四一）……。

ちなみに右に記したのはすべてがイタリア人で、しかも同時代を代表するイタリア人作曲家のごく一部にすぎない。昨今の古楽ブームのなかで、これらの作曲家も復権しつつあるけれど、「父」と「母」を源流とする「本流」のほかに、「支流」あるいは「亜流」がある、というくらいにとらえている人が、いまなお多いのが現実である。

しかし、J・S・バッハはヴィヴァルディから大きな影響を受けていたし、ヘンデルが圧倒的な評価をえたのは、イタリアで最先端を学んだからこそ可能になったイタリア・オペラの作曲をとおしてであった。

そもそもドイツ音楽をイタリア音楽の影響抜きに語るなどナンセンスなのだ。十八世紀まで音楽史の中心はあきらかにイタリアで、その本流はイタリア・オペラだった。イタリア半島のみならず、それこそドイツ語圏でも各地の宮廷は競ってイタリア人作曲家をかかえ、すぐれたイタリア人歌手を集めてはイタリア・オペラを上演していたのだ。モーツァルトが《フィガロの結婚 Le nozze di Figaro》（一七八六年初演）や《ドン・ジョヴァンニ Don Giovanni》（一七八七年初演）を作曲したころも、先の男性の会話になぞらえていえば、「イタリア・オペラを作曲していないと、ちゃんとした作曲家としては認められない」という時代だったのである。

十八世紀当時の知識人はイタリア・オペラをどのように受けとっていたのか。フランスで活躍した哲学者のジャン＝ジャック・ルソー（一七一二〜一七七八）は、一七五四年に書かれた『フランス音楽への手紙』に次のように記している。

「イタリア語の旋律を知りはじめると、最初はそれが優美さだけのものと思われるし、また快い感情を表現することだけに適しているものと思ってしまいます。でも、ほんの少しでもその激情的で悲劇的な性格を吟味してみれば、大規模な音楽作品における作曲家たちの技倆がそれに与える力づよさにはやがてびっくりさせられます。こうした手練れた転調、こうした単純で純粋な和声、こうした生きいきとして輝かしい伴奏の助けを藉りてこそ、あの神々しいまでの歌が魂を引き裂き、あるいは恍惚とさせるのであり、観客に我を忘れさせ、そして恍惚とした彼に叫び声を上げさせるのですが、こんな叫び声を私たちの安穏なオペラは頂戴したことがいまだかつてありません」（海老沢敏訳）

ルソーは「私たちの」、すなわちフランスの「安穏なオペラ」に対するイタリア・オペラの優位性を強調し、その特徴が今日でも考えられているように、「優美」な旋律で「心地よい感情」を表現しながら、そのじつ、「激情的」で「力づよ」いものだと説く。また、同じ著作には次のような記述も見られる。

「ヨーロッパで音楽に適した言語があるとすれば、それは多分イタリア語です。というのは、この

Jean-Jacques Rousseau

言語は、他のどの言語にもまして、甘美で、響きゆたかで、諧調があり、かつアクセントがはっきりとしているからで、これら四つの特質はまさに歌には一番ふさわしいものなのです」（同）
ルソーが適確にいい当てたイタリア・オペラの特徴は十九世紀にも受けつがれ、ロッシーニ、ドニゼッティ、ベッリーニ、ヴェルディ、プッチーニといったすぐれた作曲家がイタリアから輩出し、彼らが書いたオペラは、今日も世界じゅうの歌劇場でレパートリーの中心をなしている。しかし、それでもなお、これらのオペラ作曲家は「ちゃんとした作曲家としては認められていない」と思いこむ人、これらの作曲家が書いたオペラの価値は交響曲を上まわるものではないと考える人は少なくない。その一方で、ドイツの交響曲に至上の価値を見いだす人でも、リヒャルト・ワーグナー（一八一三〜一八八三）にかぎっては、交響曲の限界を総合芸術たる楽劇によって超えた作曲家として評価したりする。
このように多くの人がア・プリオリに、つまり自明のものとして、西洋音楽の歴史をリードし、なおかつ価値がいっそう高いのは、交響曲を中心としたドイツ音楽だと考えるようになったのはなぜなのだろうか。

ドイツ人の栄誉のための音楽史

　客観的な歴史は存在しうるのか。それはここではあつかいきれない永遠の問いだが、少なくとも歴史の叙述には編んだ人の、あるいは編んだ側の主観が入りやすいことはまちがいない。戦前の国史が神話を起源とする天皇を中心として編まれていたことや、今日、中国や韓国で教えられている反日の歴史を思い起こしても、歴史がある意図のもとに整理されやすいことがわかる。音楽史もおなじで、ドイツ人が編めばドイツ音楽の優位性を浮びあがらせたものになることは容易に想像がつくだろう。ドイツ中心の音楽史が編まれるにいたった経緯と過程は、吉田寛著『絶対音楽の美学と分裂する〈ドイツ〉』（二〇一五）に詳しい。ここからしばらく、その記述にもとづいてドイツ人がなにをたくらみ、なにをおこなったのかを見ていきたい。

　「『ドイツ』という一つの国に叙述対象を意図的に限定した」音楽史。そんなものがヨハン・カール・フリードリヒ・トリースト（一七六四～一八一〇）によってはじめて書かれたという。それは「『国民総体の教養〔形成〕の歴史』としての音楽史」だったから、ドイツ人であってもイギリスで評価されたヘンデルや、フランスで活躍したクリストフ・ヴィリバルト・グルック（一七一四～一七八七）は叙述の対象外になり、イタリア・オペラの作曲家として国際的名声を得たヨハン・アドルフ・ハッセ（一六九九～一七八三）よりも、「そうした流行に背を向けていたJ・S・バッハのほうが、ドイツの『国民精神』をより正しく把握していた」として高く評価される。また、「イタリア音楽の影響が濃厚な南ドイツ（特にオーストリア）を遠ざけて、もっぱら北ドイツの音楽文化を『正当なドイツ』として扱う」

姿勢にも特徴があるという。そんなトリーストによれば、イタリア音楽、とりわけオペラはドイツ人の音楽趣味に悪影響をあたえたことになり、一方、ハイドンは「交響曲に代表される純粋器楽への『ドイツ人の卓越した天分』を明確にした」として、高く評価されるのだ。

つまり、トリーストは旋律より和声、声楽より器楽、オペラより交響曲というように、ドイツ人が得意とするものは音楽的にも価値が高いと、はっきりと説いたのである。その後、ナポレオンの大陸征服によって国土が蹂躙《じゅうりん》されると、もとより小国に分立し、民族の一体性を志向していたドイツ人のあいだにナショナリズムが覚醒し、ドイツ人の精神的アイデンティティに音楽をすえようという動きがいっそう活発になる。

だが、そもそもの話として、それまでイタリア中心だった音楽史を、ドイツ人がドイツ中心に編みなおそうとしたのは、ドイツが十八世紀まで音楽の後進国だったからにほかならない。そこで登場したのが「進歩主義的音楽史観」である。ヨハン・ニコラウス・フォルケル（一七四九〜一八一八）は、「人間の音楽的能力はリズムから旋律、そして和声へと『進歩』した」と説いた。ルートヴィヒ・ティーク（一七七三〜一八五三）は、「言葉という『足かせ』から解放された純粋な器楽が登場してはじめて音楽は『自立的で自由な芸術』となった」と決めつけ、交響曲を音楽の「最上位のものとして位置付け」ようとした。そしてダニエル・イェーニッシュ（一七六二〜一八〇四）は、（ドイツ人の得意な）「器楽は古代にまったく規範をもたない、真の『近代芸術』」だとして、ドイツ人を音楽の最先端に置こうとしたというのである。

Gioachino Rossini

そして「最先端」のなかでも頂点に位置づけられたのがベートーヴェンで、E・T・A・ホフマン（一七七六～一八二二）はベートーヴェンに「進み続ける世界精神」を見いだしている。ベートーヴェンの時代は、じつはロッシーニのオペラがほぼ全ヨーロッパを席巻した時代でもある。だが、アマデウス・ヴェント（一七七三～一八三六）はこう書いたという。「ロッシーニの登場後、直ちにドイツ音楽と新イタリア音楽の戦いが勃発した。ドイツの南部は真っ先に、そして大部分が、イタリア人の甘ったるい手法に追従したが、他方で北ドイツは、彼らの偉大な巨匠たちの遺産を守りながら、性格描写におけるロッシーニの不徹底や薄っぺらさ、またその音楽における感覚的な快音の支配にきわめて頑強に抵抗した」。つまり「南部」、すなわちウィーンを中心としたオーストリアを切り捨ててまで、ベートーヴェンの交響曲を「救済」しようとしたのだ。

つづいてゴットフリート・ヴィルヘルム・フィンク（一七八三～一八四六）は、ベートーヴェンの交響曲は、ハイドン、モーツァルトをへて到達した「大交響曲」と呼ぶべきもので、「この名称、およびそれを創り出した栄誉は、もっぱらドイツ人に帰されてしかるべきであり、この栄誉がわれわれのもとから剥奪されることはないだろう」と訴えた。こうしてドイツ音楽の「偉大さ」が讃えられるようになると、たとえばラファエル・ゲオルク・キーゼヴェッター（一七七三～一八五〇）がロッシーニについて「最高度に鮮やかで表現力に満ちたオペラは、楽器および歌の技法のあらゆる手段を使い、圧倒的な影響力をもちながら、同時代の人々から全員一致の称賛を勝ち取ったのだ」とありのままに書くと、愛国者たちから激しく非難されたという。

ドイツの民族派のよりどころ、ヘーゲルのロッシーニ賛

見てきたように、ドイツ人はあからさまなナショナリズムの旗印のもと、民族の国家的な統一がなかなか叶わなかった彼らの精神的統一のシンボルとして、ドイツの優位を前提として音楽史を編みなおした。そして、われわれの音楽観はいまもそれに縛られているのである。

とりわけ、ヨーロッパじゅうで称賛を勝ちとったロッシーニの音楽が、ドイツの史家たちによって、「甘ったる」く「薄っぺら」だと唾棄《だき》された影響は大きかったといわざるをえない。ロッシーニのオペラは長いあいだ、ごく一部の作品をのぞいて忘却の彼方に追いやられ、ひいてはイタリア音楽そのものに「軽薄」や「堕落」といった烙印《らくいん》が押された。結果としてその後、ヴェルディやプッチーニの音楽が歌劇場でどれだけ支持されようとも、ドイツ音楽の「格下」に位置づけられてしまう傾向が生じた。まさに冒頭で触れた話のように、「交響曲を作曲していないから、ちゃんとした作曲家としては認められていない」と受けとられることになったのである。

こうした偏見を蔓延させたドイツ人の史家たちが拠りどころにしたのが、ドイツ観念論を代表する哲学者、ゲオルク・ヴィルヘルム・フリードリヒ・ヘーゲル（一七七〇～一八三一）が論じた歴史哲学だっ

G.W.F. Hegel

た。ヘーゲルは、歴史は理性によって支配されているとしたうえで、世界の歴史も理性的に進行し、その究極の目的は自由なのだととなえた。ヘーゲルの歴史観によれば、自由はゲルマン民族のもとで獲得される。そこで史家たちは、ヘーゲルの歴史観を借用して音楽の歴史をドイツ中心に編みなおそうとしたのだが、当のヘーゲルは音楽に対してどのような姿勢だったのだろうか。ヘーゲルの大学における講義がのちに編纂《へんさん》された『美学講義』の「音楽」という章には、ドイツ人が「薄っぺら」だから切りすてようとしたイタリア音楽の性質について、こう適確に記されている。

「イタリア人はうまれつき特別にメロディー表現の才をもっていて、古い教会音楽の最高の宗教的礼拝の場面にも、清らかな和解の感情が認められるし、苦しみが魂の奥深くをとらえた場合でも、美しさと浄福、想像力の単純で偉大な造形性が作品の隅々にまで横溢しています。その美しさは感覚的な外観をとるから、メロディーのあたえる満足感もしばしばたんなる感覚的快楽と見なされがちだが、芸術とはまさしく感覚を活動の場とし、自然界に見られるような、自分の内部ないし自分のもとでの満足感を基調とする領域へ、精神を導きいれるものです」（長谷川宏訳）

旋律が優先され感覚に訴えるイタリア音楽は無価値で、和声と内面性にすぐれたドイツ音楽こそが偉大だ、という一面的で「薄っぺら」な音楽史観と、どれだけ異なっていることだろう。ファナティックなナショナリズムに支配されていない精神は、対象の長所と短所を冷静に俯瞰《ふかん》できるという証しだろう。ヘーゲルはつづけて、ルソーがフランス音楽とくらべてイタリア音楽のメロディーを称賛した史実に触れたうえで、こう述べる。

「同じ論争が、現在はロッシーニや現代イタリア派を是とするか非とするか、という形であらわれています。反対派は、ロッシーニの音楽について、ただ耳がかゆくなるだけだとののしりますが、そのメロディーを丁寧に追っていくと、この音楽は、むしろ、この上なく感情と精神がゆたかで、心と胸にせまってくる。ドイツ人の厳格な音楽的知性がとくに好むような性格描写には乗りだすことのない音楽ではありますが、というのも、ロッシーニはあちこちで盛んに台本を外れ、自由なメロディーのおもむくままにどんどん進んでいくからで、聴くほうとしては、題材に固執して、それに一致しない音楽に不満の思いをいだくか、内容を捨て、作曲家の自由な思いつきを存分に楽しみ、そこにふくまれる音楽魂をゆたかに享受するか、そのどちらかを選ぶほかありません」(同)

ロッシーニの音楽が聴き手の心を鷲づかみにしてしまう秘密の奥底を、みごとに暴いている。じっさい、ヘーゲルは一八二四年九月にベルリンからウィーンまで旅をしているが、目的はひとえにロッシーニのオペラを観るためだったのである。

その旅の様子は石川伊織氏の論文『旅の日のヘーゲル——美学体系と音楽体験』に詳しい。それによると、九月二十日にウィーンに到着したヘーゲルがケルントナートーア劇場で鑑賞したオペラは、着いたその晩にサヴェリオ・メルカダンテ(一七九五〜一八七〇)の《ドラリーチェ Doralice》(一八二四年初演)、翌二十一日にロッシーニの《オテッロ Otello》(一八一六年初演)、二十二日に同じく《ゼルミーラ Zelmira》(一八二〇年初演)、二十四日も同じく《セビリャの理髪師 Il barbiere di Siviglia》(一八一六年初演)、二十六日にモーツァルトの《フィガロの結婚》、二十八日にロッシーニの《マティルデ・ディ・シャブラン Matilde di Shabran》(一八二一年初演)、そして二十九日にふたたび《セビリャの理髪師》。妻に宛てた手紙には、モーツァルトの「フィガロ」よりロッシーニの「フィガロ」のほうが好みである旨を記し、「これが聴けるならウィーンを去りたくない」と述べたという。

その後、ケルントナートーア劇場でオペラが上演されない日がつづき、十月二日にふたたび《マティルデ・ディ・シャブラン》を、翌三日に《ゼルミーラ》の第一幕だけを観ている(この日は皇帝の誕生日前夜であったため、上演は《ゼルミーラ》第一幕とバレエの組みあわせだった)。こうして十月六日朝にウィーンを発《た》つまでに、ヘーゲルはロッシーニのオペラを七回観たことになる。手紙ではイタリア出身の歌手たちの技量、ことに装飾歌唱におけるそれを称賛しているという。そのことをもって、ヘーゲルはロッシーニの作品を鑑賞したというより、歌声に聴きほれていたにすぎないと評する声もあるが、ロッシーニじしんが、歌手の技量が十全に発揮されることを前提に作曲していたことを考えれば、ヘーゲルの聴き方は的を射ていたというほかない。

常識を疑って先入観から自由になろう

ほかにも冷静だったドイツの哲学者はいる。「世界は私の表象にすぎない」と述べたアルトゥル・

ショーペンハウアー（一七八八〜一八六〇）は、人間が生という苦悩から解放されるとすれば、それは芸術によってであり、ことさらそれを体現する芸術が音楽だと説いた。その代表作『意志と表象としての世界』（一八一九）は、第三巻五十二節が音楽についての考察にあてられている。そこにショーペンハウアーは、音楽が歌詞に従属しすぎることの弊害を述べ、このように書いている。

「もし音楽があまりに歌詞にぴったり密着したり、外的な出来事に合わせて自分を鋳型に嵌めこもうとしたりすると、音楽は自分のものでもない言葉でおしゃべりをしようとあくせく骨折ることになる。こういう間違いを犯さないようにという姿勢をロッシーニのようにきれいに守った人は誰もいない。ロッシーニの音楽がじつに明瞭にまた純粋に、音楽に固有の言葉を語っているのはそのためで、したがってそれは歌詞をまったく必要としてはいないのであるから、楽器だけで演奏されても、その効果は十分だといえるほどである」（西尾幹二訳）

Arthur Schopenhauer

ショーペンハウアーもまた、テクストに縛られすぎることをきらい、音楽の自律性をまもるべきだと信じたロッシーニの指向をもののみごとにいいあらわしている。先入観をもつことなく音楽のまえに身をさらした結果だろう。

先に触れた史家たちの主張の流れを受けて、音楽におけるゲルマン民族中心主義を訴えるとともに実践したワーグナーは、『オペラとドラマ』（一八五一）のなかでロッシーニを、

Richard Wagner

聴衆に迎合したご都合主義の作曲家だととらえ、こう書いた。「あれだけの才能がありながら、彼ら（歌劇場の聴衆）に徹底して愛想をふりまいた者がロッシーニの他にいただろうか？――彼は、ある町の聴衆は女声の技巧的な走句をとりわけ好み、別の町の聴衆は逆に情緒溢れる歌を好むということを耳にすると、初めの町のためには技巧的な曲だけを歌姫たちに与え、次の町のためには情緒に満ちた歌だけをあてがった。この地ではオーケストラの太鼓が好まれているということを知ると、ただちに田園オペラの序曲を太鼓連打で開始し、かの地ではアンサンブル曲におけるクレシェンドが熱狂的に愛好されていると聞くと、クレシェンドが絶えず繰り返される形式のオペラを作ったのである」（杉谷恭一・谷本愼介訳）

しかし、ヘーゲルもショーペンハウアーも、ワーグナーが指摘したイタリアの町の聴衆ではなかった。ロッシーニが初演地の聴衆の嗜好《しこう》を意識して作曲したのは事実だが（そうするのが当時の作曲家にとっての常識だった）、くだんのドイツ哲学者たちは、いうまでもなく、そうした町々の嗜好とまったく無縁の場所でロッシーニの音楽を聴き、称賛したのである。同じことがヨーロッパじゅうに吹き荒れたロッシーニ旋風のもとで酔いしれた人のほとんどにも当てはまる。ワーグナーが「現代オペラ観客との関係において、ロッシーニはただの反動家であった」といってロッシーニを必死に否定したのは、じしんがこころざす「崇高」の方向とは異なるポテンシャルがロッシーニの音楽に内在することないだろうか。

を知悉《ちしつ》していたからではないか。だから、それを封じこめたかったのではないだろうか。

ロッシーニも、彼につづくイタリア・オペラも、ドイツ音楽こそが正統なクラシック音楽であるという周到に植えつけられた先入観のもと、冷や飯を食わされることになってしまった。しかし先入観をぬぐうことができれば、ヘーゲルやショーペンハウアーが、そして一八二〇年代、三〇年代にロッシーニの音楽に夢中になった人たちが味わったのと同じ興奮を、今日の聴衆もきっと経験できるにちがいない。

私事で恐縮だが、私は子どものころからしいたけが食べられない。いま、しいたけ以外のきのこは例外なく好きなので、自然に向きあっていれば、いつしか好きになっていたはずだと思うが、小学生時代の給食をとおして培われた先入観が邪魔をして、口に入れるのがこわいのだ。当時、給食にきらいな食べものが出されても残すことが許されず、残しているかぎり食器を片づけさせてもらえないので、吐きそうになりながら無理に飲みこんでいた。だから、いまもしいたけを目にすると、その苦しかった記憶がよみがえり、食べるまえに遠ざけてしまう。だが、冷静に判断できれば「美味い」と感じるはずのものを、先入観のせいで忌避しているにすぎないのだと思う。

同じ小学校の音楽室でつちかった「音楽史＝ドイツの交響曲の歴史」という先入観は、私の場合はさほど強くなかったため、さいわいなことに自然にイタリア・オペラの魅力に気づくことができたが、若いときに「正統」と思われている音楽に浸った経験があればあるほど、イタリア・オペラを私にとってのしいたけのように食わずぎらいする傾向があるように思う。あるいは、イタリア・

オペラを楽しんでいる人も、ドイツの交響曲やワーグナーの楽劇は岩手産まつたけだが、イタリア・オペラは中国産干ししいたけだと無意味に卑下している場合がある。

しかし、繰りかえすけれども、ロマン主義時代のドイツのナショナリズムに端を発する先入観から自由になることができれば、イタリア・オペラ人口は劇的に増えてもおかしくないはずだ。では、どうすれば先入観を追いはらうことができるか。一にも二にも疑うことである。イタリア・オペラについて当たりまえのようにいわれていることを、ひとつひとつ疑って、常識と思われている「非常識」のベールをはがしていくのである。そうすれば想像を超えた豊穣《ほうじょう》な世界が目のまえにあらわれ、だれもが心うばわれると私は信じている。

第1章

Chapter One

イタリア・オペラの常識を疑え！

1 イタリア・オペラならではの「官能性」の意外なよりどころ

イタリア人の人生は「マンジャーレ mangiare」（食べる）、「カンターレ cantare」（歌う）、そして「アモーレ amore」（愛する）の三語で語れる――と、よくいわれる。もちろん誇張があるし、そういわれて顔をしかめるイタリア人も多いけれど、日本人はもとより同じヨーロッパのドイツ人やフランス人とくらべても、彼らが食べて、歌って、愛して、人生を謳歌することに長《た》けているのはまちがいない。

ロッシーニ・オペラ・フェスティヴァルが催されるペーザロ（撮影：著者）

オペラにおいてもおなじである。多くのイタリア・オペラが「愛をテーマに歌う音楽劇」だという時点で、すでに「カンターレ」と「アモーレ」は満たしているが、残り三分の一、つまり「マンジャーレ」もまた、イタリア・オペラと切りはなせない要素だ。中部のマルケ州に属し、毎年八月に「ロッシーニ・オペラ・フェスティヴァル（ROF）」が開催されるアドリア海に面した小都市、ペーザロを例にとってみよう。

若者に占拠された日本の海水浴場とちがい、大音量で流される流行歌にうんざりする懸念がないビーチでは、老若男女がわけへだてなく、ゆったりと時をすごしている。古希をとうにすぎていると思しき女性も真っ赤なビキニ姿で、波打ち際で日差しとたわむれている。砂のうえに飽きたら、そこかしこに建ちならぶ新鮮なシーフードを提供するリストランテで、潮風に吹かれながら舌をうならせ、胃を満たすことができる。

代表的な料理がスパゲッティやタリオリーニの「アッ

ロ・スコーリオ allo scoglio」（磯の味）だ。魚介とその煮汁がたっぷりとかかったパスタはとても美味で、いちど食べたら病みつきになる。これに、この地方特産の「ヴェルディッキオ verdicchio」という、さわやかで果実味も感じられる辛口の白ワインをあわせるのだ。そして夜は、思い思いに着かざって劇場へ向かい、ロッシーニの爽快なリズムと旋律美、歌手たちが技巧のかぎりをつくす歌唱に酔いしれる。そして酔ったついでにもう一軒、終演後も深夜まで客を受け入れてくれるピッツェリーアで、さらにのどを潤すのである。

ロッシーニとワーグナーの共通点

意外にもROFには、ワーグナーの聖地であるドイツのバイロイト音楽祭とのかけもちでおとずれる人が多い。ロッシーニとワーグナーは水と油のようではないか。そう感じる人もいるだろう。じじつワーグナーはロッシーニについて、たとえばじしんの著作である『オペラとドラマ』に、

「彼は、聞いてもらうためには、どのような旋律を響かせるかということだけを顧慮すればよかったのである」

「手近にある単純で無味乾燥で明快きわまりない形式を、それがもともと唯一必要としていた完全に首尾一貫した内容、すなわち麻薬的恍惚感に誘う旋律で満たしたのである」（杉谷恭一・谷本慎介訳）

などと書いたように、ロッシーニをさげすんでいた。だが、両者をともにこよなく愛する人がいうには、それぞれの音楽は「官能的であるところがよく似ている」のだそうだ。かたや半音階的な無限

夏に野外オペラが上演されるアレーナ・ディ・ヴェローナ

旋律に恍惚と酔いしれる陶酔感で、こなた流麗な旋律美と洒脱なリズム、そして声による至芸への耽溺《たんでき》。ワーグナーはいやがるかもしれないが、方向性はちがっていても、刺激されるのはおそらく聴き手の感性の似た部分なのだろう。

ただし、両者をかけもちする人は等しくこうもいう。「バイロイトからペーザロに来るのはいいけど、逆は無理。ペーザロの海の心地よさと食べものに触れたらバイロイトにはもどれない」。ロッシーニじしんが稀代の美食家であったことはよく知られるが、ロッシーニの音楽もまた私たちの五感を刺激し、美食への欲求を生じさせる。そしてペーザロには、その欲求を満たす食がある。「カンターレ」と「マンジャーレ」が一体になった官能性とでも呼べばいいだろうか。

その点はロッシーニにかぎらずイタリア・オペラに共通するようだ。古代ローマ時代の円形闘技場（アレーナ）で、六月下旬から八月末までスペクタキュラーなオペラが上演される北イタリアのヴェローナもまた有名な美食の町で、白ワインの「ソアーヴェ soave」や赤ワインの「ヴァルポリチェッラ valpolicella」など「役者」がそろっている。日本のさる劇場の関係者はこういっていた。「ワーグナーを上演すると、プログラムはよく売れるけどワインが売れない。でもヴェルディを上演すると、プログラムはあまり売れないかわりにワインはとてもよく売れる」。

イタリア人は声を発する場所がちがう

美食との相性がいいのは、イタリア・オペラの魅力の少なからぬ部分が、声の味わいに負っていることと無関係ではないだろう。たとえば、ルチアーノ・パヴァロッティ（一九三五〜二〇〇七）、プラシド・ドミンゴ（一九四一〜）、ホセ・カレーラス（一九四六〜）の「三大テノール」は、輝かしい声の魅力で一世を風靡《ふうび》し、オペラやクラシック音楽になじみが薄かった人たちをも熱狂させた。彼らがおもに歌ったのはイタリアのレパートリーだったが、仮にドイツものを中心に歌っていたら、はたしてあれほどのブームになっただろうか。イタリア・オペラならではの流麗な旋律と、それを歌う声の官能性が、「マンジャーレ」や「アモーレ」への欲求を刺激するのにちがいない。

ところで、日本にもイタリア・オペラをこころざす声楽家は少なからずいる。イタリアに留学して名だたる声楽教師のもとで研鑽を積む人も多い。ところが、残念ながら世界をまたにかけて活躍するほどの逸材は、日本からはまれにしか輩出しないし、たいていの日本人歌手は声の響きじたいがイタリア人はもちろん、広く欧米人のそれとも異なって聴こえてしまう。なぜだろうか。

端的にいえば、声を発する場所がちがうのである。試みに「あ、い、う、え、お」と口に出してみてほしい。私たち日本人は口内を広く使わず、唇に近いところだけで音を発している。このためひそひそ話は得意である。一方、イタリア人はふだんしゃべるときから口の奥の口蓋垂《こうがいすい》（いわゆる「のどちんこ」）のあたりで声を発する。だから歌うときもしゃべるときも口をあまり大きく開けないが、じつはのどの奥はしっかりと開け、音を発するさいに腹圧をかけていているから、厚みのある声がよく響くのだ。ところがイタリア人の声楽教師に、のどを「もっと開けるように！」と注意されると、のどの奥を開けるという発想がない日本人は、のどは閉じたまま口先を開けてしまう。

日本人の音の発し方は、住居の構造に由来するという見方もある。ヨーロッパの人たちが音がよく響く石造りの建築のなかで生活してきたのに対し、日本人は木造家屋でくらし、その壁を構成するのも土や紙など音を吸収する素材だったため、音を響かせる習慣が育たなかったというのだ。

また、日本語とイタリア語は母音を強調するところが似ている、といわれるのを真に受けて、両者を同じように発音してしまう人も多い。だが、日本語では「あ」も「か」も「さ」も一文字で表されるが、イタリア語では（ほかのヨーロッパ系言語も同様だが）「a」「ka」「sa」と書けばわかるように、音は子音と母音の組みあわせで形づくられている。そして子音を鋭く、母音を深く響かせないと、それらしく聞こえない。こうしたちがいを意識しながら訓練しないかぎり、日本人の発音はイタリア人やラテン系の人たちはもとより、アメリカ人やロシア人のものともちがって聴こえてしまうのだ。

イタリア風の官能的な声を出す秘訣は、口蓋垂のあたりでお腹から圧をかけながら音を発し、子音と母音を意識することにある——というわけで、異性を口説くときに試してみてはいかがだろう。

2 いろいろな「エディション」があるオペラの正しい楽しみかた

オペラのプログラムに「初演版」「ウィーン版」「パリ版」などと書かれているのを見たことがないだろうか。オペラには、ひとつの作品にさまざまなエディション（版）がある場合が多い。

現在、世界じゅうで上演されているオペラの大半は、十七世紀から二十世紀前半までに書かれた「歴史遺産」だ。そのためにともすると気づきにくいが、オペラは作曲される過程においては多くの場合、予定されたキャストなどにあわせたオーダーメイドだった。初演される劇場の聴衆の好みにあったスタイルに整えるのはもちろんのこと、高音を出すのが得意な歌手が歌うから超高音をいくつも書くとか、装飾歌唱の超絶技巧をほこる歌手を確保できたから、ふつうの歌手には歌えない至難のアリアを加えるとか、折々の事情におうじて調整されていた。初演後に別の都市で歌手を入れかえて上演するさいも、新しい歌手陣にあわせてアリアを加えたり、削ったり、あるいは移調したりすることが多かったのである。

もっとも、時代がくだるにつれて作曲家の力と権限が強くなり、ヴェルディのまえでは、歌手は作曲家がもちいる「駒」のような存在になった。それでも、オペラが機会におうじて改訂されることはめずらしくなかったし、少なくとも十八世紀までは、歌手たちの人気を笠に着たわがまま放題がまかりとおって、作曲家に「アリアをもっと歌いたい」などと要求するのもふつうだった。

そんなこともあって、おなじ作曲家が書いた同名の作品のあいだでも、さまざまな異同が生じているため、今日もなお、どのエディションを選ぶか、あるいは異なるエディションどうしをいかに組みあわせるかで、指揮者や演出家は頭を悩ませるのである。二〇一五年九月におこなわれた英国ロイヤル・オペラの引っ越し公演でも、上演された二演目のそれぞれで異なるエディションを微妙に組みあわせていて、考えさせられる結果を生んでいた。

マクベスがいまわのきわにモノローグを歌ったわけ

音楽監督のアントーニオ・パッパーノ（一九五九〜）が指揮した二演目のひとつは、ヴェルディの《マクベス Macbeth》だった。この作品はオペラの「オーダーメイド」や「エディション」を考えるのにうってつけである。一八四七年三月、フィレンツェのペルゴラ劇場で初演された《マクベス》を、ヴェルディがいまあるように書くことになったのは、劇場の事情や、それに由来するタイミングと密接にかかわっていたからだ。

その時期、ペルゴラ劇場には主役級のテノールがいないかわりに、すぐれたバリトンのフェリーチェ・ヴァレージ（一八一三〜一八八九）が確保されていた。《マクベス》のタイトルロールをバリトンにすると決めていたヴェルディには好都合だった。ヴァレージは音程が悪いと評されていたが、ヴェルディは、

「あの歌手は調子が外れているというのでしょうが、問題ありません。マクベスの歌唱のほとんど

Felice Varesi

は朗唱で、あの歌手はそういう部分はすぐれています」といって意に介さず、むしろヴァレージのもち味が発揮されるように作曲した。その一方、テノールが歌うマクダフ役は、第四幕で型どおりのアリアを歌うほかは存在感がない。そのアリアも当時の定型だった二部形式になってはいるが、後半のカバレッタにあたる部分は、初演のテノールの力量にあわせて、独唱はさせずに合唱でお茶をにごしている。

またヴェルディは一八六五年四月、パリのリリック劇場で再演するにあたって大幅に改訂したため、《マクベス》には「初演版」と「パリ版」が存在する。改訂のさいにオーケストレーションを全体的に見なおしたほか、合唱を追加したり差しかえたり、アリアを差しかえたりとかなり手を入れ、とりわけフィナーレは全面的に書きかえた。初演版では、マクベスが死にぎわに朗唱的なモノローグを歌って幕がおりたが、パリ版はマクベスの死をよろこび新王万歳をさけぶ人たちの合唱で締めくくるようにあらためられた。

さて、ロイヤル・オペラ公演では、音楽的に充実した「パリ版」（正確にいえば、パリでの上演用にフランス語に翻訳された歌詞をイタリア語にもどし、バレエを省略したもの）が選ばれ、すぐれた歌手陣のもと、マクベス夫妻らが運命に翻弄《ほんろう》されるいきさつがみごとに描かれていた。ところが、フィナーレの合唱のまえに、マクベスはパリ版ではカットされた死のモノローグを歌ったのである。すでにマクダフらの手で倒されたはずのマクベスが、いまわのきわに朗々と歌いはじめたのには驚いたが、なにか演出上の効果をねらったのだろうか。マクベスが死んで終わりではなく勝利の合唱で締めくくることで、簒奪《さんだつ》者の運命のはかなさを強調するようにしたのは、ヴェルディの卓見だと思うのだが、勝利の合唱のまえに、すでに死んだのも同然のマクベスにモノローグを歌わせたのはなぜなのだろう。もしかしてマクベス役のバリトン、サイモン・キーンリーサイド（一九五九〜）が「アリアをもっと歌いたい」とでもいったのだろうか。

蛇足に思える音楽にも意味がある

二つめの演目はモーツァルトの《ドン・ジョヴァンニ》だった。オーストリア人が書いたのだからイタリア・オペラではない、というのは誤解である。ロレンツォ・ダ・ポンテ（一七四九〜一八三八）の台本はイタリア語で書かれており、一般にイタリア語の台本に作曲されたオペラをイタリア・オペラと呼ぶのだ。それに《ドン・ジョヴァンニ》が一七八七年十月にプラハで初演されたさい、そこで歌ったのはジョヴァンニ役のルイージ・バッシ（一七六五〜一八二五）を筆頭に、レポレッロがフェリーチェ・ポンツィアーニ、騎士長がジュゼッペ・ロッリ、オッターヴィオがアントーニオ・バリオーニ、アンナがテレーザ・サポリーティ、エルヴィーラがカテリーナ・ミチェッリ、ゼルリーナがカテリーナ・ボンディーニ……と、全員がイタリア人歌手だった。ネイティヴの美しいイタリア語が響いたはずである。

以前、指揮者のニコラ・ルイゾッティ（一九六一〜）から聞いた話も引用しておこう。

「モーツァルトはボローニャのジョヴァンニ・マルティーニ神父（一七〇六〜一七八四）のもとで学び、そこでイタリア語も習得しました。だから台本作家がドイツ語で書けばドイツの作曲家に、イタリア語で書けばイタリアの作曲家になります。また、同時代のほかの作曲家が音楽優先だったなかで彼だけは〝言葉が先にありき〟で、イタリア語の台本を深く理解したうえで、その響きやアクセントが魅力的に聴こえるように作曲したのです」

《ドン・ジョヴァンニ》プラハ初演における第２幕の舞台スケッチ

この「イタリア・オペラ」には多士済々が登場する。ジョヴァンニはあらゆる女性に手を出してもてあそぶ神をもおそれぬ貴族で、その従者のレポレッロは、そんなジョヴァンニに逆らえないおどけたお人好しだ。騎士長の娘のアンナは恋人のオッターヴィオを愛しているように思えず、むしろ父を殺した仇《かたき》であるジョヴァンニに惹かれているようにさえ見える。ジョヴァンニにとって過去の女性であるエルヴィーラは、いまもジョヴァンニをかばいつづけ、村娘ゼルリーナはマゼットという婚約者がいながら、ジョヴァンニと浮気をしたいという下心を隠さない。こう書くと、ここでは世界がすべてジョヴァンニ中心にまわっているのがわかるだろう。

じっさい、自分が殺した騎士長の亡霊（石像）の手で地獄に落とされてしまうジョヴァンニだが、そのまえに、石像から悔いあらためるようになんどもとめられても受けいれない。レポレッロの「カタログ」によれば二千人を超える女性を相手にしてきたという破廉恥さも、ジョヴァンニにとってはじしんのレゾンデートルで、たとえ地獄の責め苦を受けることになろうとも貫きとおすべき誇りなのだ。その強い姿勢を見せられると、常識的には人でなしの烙印《らくいん》を押されるジョヴァンニだけが、これだけの多士済々のなかで圧倒的な英雄として描かれているのがわかる。地獄落ちのデモーニッシュで雄弁な音楽もそれを裏づける。

そして、ジョヴァンニが消えると一転して明るいフィナーレが訪れ、アンナはオッターヴィオに結婚を一年待つように告げ、エルヴィーラは修道院に入るといい、ゼルリーナとマゼットは平凡な家庭に帰り、レポレッロはもっといい主人を見つけると語る。地獄落ちのきわだった迫力にくらべると、この味気ないフィナーレは蛇足ではないかと思うかもしれないが、じつはフィナーレが味気ないのではない。彼らはジョヴァンニがいない世界の味気なさを語っているのだ。味気ないように思われる音楽と歌詞のおかげで、ジョヴァンニの英雄性がいやがおうにも浮きたつのである。

ところで、《ドン・ジョヴァンニ》にも「プラハ版」と「ウィーン版」が存在する。初演の翌年の一七八八年にウィーンで上演されたさい、モーツァルトはオッターヴィオのアリアを入れかえたり、エルヴィーラのアリアを足したりと手を加えたからだ。現在は、ウィーン版のアリアを加え、プラハ版のアリアももったいないから残す、というように織りまぜて上演されるのがふつうである。

ロイヤル・オペラの公演も基本的には折衷《せっちゅう》版で、パッパーノの間合いがすばらしく、上等なアンサンブルが味わえた。ただし、フィナーレは衝撃的だった。ジョヴァンニには地獄に落ちるかわりに孤独という罰があたえられ、ほかの面々の将来語りはすっかりカットされていたのだ。このフィナーレはウィーン初演でもカットされたといわれ、演出家のカスパー・ホルテン（一九七三〜）は「ジョヴァンニに孤独という地獄落ちよりつらい罰が加えられたあとで、このフィナーレは蛇足だ」という趣旨のことを語っていた。しかし、先に述べたように、この部分がないとジョヴァンニの英雄性がいまひとつ浮かびあがらない。それが本当に蛇足であるか、カットすべきものなのかは、すべて演奏したうえで聴衆の判断にゆだねたほうがよかったのではないだろうか。

3 「ベルカント」というやっかいな語とのつきあいかた

イタリア・オペラの特徴として、多くの人がまっ先に思い浮かべるのは、美しい声による歌唱だろう。そして、直訳で「美しい歌」を意味する「ベルカント bel canto」というイタリア語に行きつくのではないだろうか。しかし、この言葉は使う人によって意味がまったく異なる、じつにやっかいなシロモノである。

二〇一五年十一月五日に文化庁と昭和音楽大学の主催でおこなわれた、イタリアが誇るすぐれたソプラノ歌手、マリエッラ・デヴィーア（一九四八〜）のレッスン受講生による公開オーディションのプログラムには、デヴィーアが「イタリア・ベルカントを完璧に表現するためのすべてを兼ね備えた逸材」と紹介されていた。では、ここでの「イタリア・ベルカント」とは、どんな意味だろうか。

このオーディションは若手オペラ歌手がレパートリーのいかんを問わず、さらなる研鑽と発表の機会をえるための場だから、プログラムに書かれた「ベルカント」とは、イタリアで踏襲されてきたなめらかな発声による歌唱法のことだと思われる。じっさい、イタリア作品を中心に学んできた声楽教師たちの多くは（イタリア人も日本人も）、自分が教えるイタリア伝統の発声法や歌唱法を「ベルカント」と呼ぶし、音楽大学のカリキュラムにも同様の歌唱法を意味する「ベルカント」という語がよく見つかる。

こうして、ヴェルディがキャリア後期に作曲した《仮面舞踏会　Un ballo in maschera》（一八五九年初演）や《運命の力 La forza del destino》（一八六二年初演）を理想的に歌う声も、ピエトロ・マスカーニ（一八六三～一九四五）の《カヴァッレリーア・ルスティカーナ Cavalleria rusticana》（一八九〇年初演）をはじめとするヴェリズモ（真実主義）のオペラを力強く歌う声も、等しく「ベルカント」と表現されたりしている。だが、その一方で、ロッシーニとドニゼッティ、ベッリーニの三人が作曲したオペラを「ベルカント・オペラ」と呼んだりもする。さらには、デヴィーアとほぼ同世代で同様に「ベルカント・オペラ」を得意としているエディタ・グルベローヴァ（一九四六～）について、「あの声はベルカントじゃない」と評する声楽家も少なくない。「ベルカント」という語がいかに曖昧《あいまい》にもちいられているかがわかるだろう。

一八四〇年ごろまでの歌唱様式のこと

しかし、考えてみてほしい。ロッシーニが活躍したころには装飾的で美しい歌唱が重用された。一方、ヴェルディのとりわけ中期以降は、歌手にはドラマティックな表現が要求され、その傾向は次代の作曲家のもとでさらに強まっていった。時代によって歌唱にもとめられたものが大きく異なっていたのに、「ベルカント」という語でひとくくりにするなんて、どだい無理があるのだ。

十六世紀末にオペラが誕生すると、装飾歌唱をはじめとするさまざまな歌唱技巧がつくりだされ、それらは十八世紀に、声がわりするまえの少年を去勢して男性の長い声帯と女性なみの高い声を両

Farinelli (Carlo Broschi)
ファリネッリ（*1705-1782*）はカストラートとして18世紀前半に一世を風靡した

立させたカストラートたちの力によって飛躍的に発展した。その流れをくんで、十九世紀初頭にロッシーニが声楽様式を完成させた。この時代までの音楽は、あくまでも音楽という抽象的な存在で、別のなにかを写実するものではなかった。ところがつづくロマン主義の時代になると、音楽をとおして人間の感情をリアルに描き、ドラマを表現することが志向され、歌手もドラマティックに歌いあげるのが一般的になっていった。美学の舵《かじ》が大きく切られたのだ。変化は一八三〇年ごろ、ドニゼッティやベッリーニの時代からおこり、ヴェルディ中期の一八五〇年代後半には、すっかり切りかわってしまった。

　では、歌唱は具体的にどう変わったのだろうか。一八四〇年ごろまでは、強弱のコントラストやニュアンスに重きが置かれると同時に、声を敏捷《びんしょう》に動かすアジリタなどの母音唱法を軸にした、華やかな装飾歌唱が土台になっていた。歌手たちがこれらの技巧をもちいて即興的に変奏することも重要だった。総じて、歌手たちの声はのちの時代にくらべて軽く華やかだったと考えられる。ところがしだいに、こうした装飾歌唱はドラマを写実するうえで不要であるばかりか、むしろ邪魔になり、重く豊麗な声を広い劇場いっぱいに響かせるドラマティックな歌唱が尊重されるようになっていった。

　歴史的文脈で「ベルカント」という語を使う場合は前者、すなわち一八四〇年ごろまでの歌唱様式

Giuseppe Verdi (1858)

と、それにもとづくオペラのことをさす。だから、先に記したようにロッシーニ、ドニゼッティ、ベッリーニの作品を「ベルカント・オペラ」と呼ぶのも、ほんらいは正しいといえない。ドニゼッティとベッリーニはベルカントが変質する過渡期の作曲家なのだから、「ベルカントの名残をとどめた初期ロマン派のオペラ」とでも呼ぶべきだろう。そして、イタリアの歌唱の歴史が一八四〇～五〇年ごろに切りかわった以上、イタリアの声楽教師が伝承している「ベルカント」を学んだだけでは、「ベルカント」のオペラは正しく歌えないのである。

二つの意味のどちらをさしているか、要注意！

このように「ベルカント」という語は多義だが、大雑把にいって、十九世紀前半までのオペラとその歌唱法をさす場合と、ヴェリズモ・オペラまでをふくめたイタリア・オペラ全般の歌い方をさす場合があるから、相手がどちらの意味で語っているのかに注意しないと、コミュニケーションに支障をきたしかねない。

二〇一五年夏、指揮者のアンドレア・バッティストーニ（一九八七～）にインタビューしたさい、彼はこんなことを語っていた。

「《リゴレット Rigoletto》は当時の規範から大きくはみ出た、ヴェルディの天才が発揮されたオペラですが、それにくらべると《イル・トロヴァトーレ Il Trovatore》は後退していて、スコアはベルカントの名残によってはち切れそうです」

「(《イル・トロヴァトーレ》の) レオノーラのパートは、装飾音など典型的なベルカントを表現する必要があり、それだけで終わってしまうなら僕には退屈です」

もしも「ベルカント」という語をイタリアらしい発声と歌唱法という意味にしかとらえない人がバッティストーニの言葉を聞いたら、「《リゴレット》だって、ちゃんとベルカントで歌えばベルカントではちきれそうになるんだ」「ベルカントが退屈なら、イタリア・オペラを指揮すべきではない」などといい出しかねない。だがじっさいには、バッティストーニは「ベルカント」という語を、正しく歴史的な文脈で使っている。ロマンティックな感受性や劇的な志向性が強く、十九世紀の終盤以降のオペラを好むバッティストーニは、歌手がフレーズを技巧的に飾るだけのオペラは自分にはおもしろくない、と訴えているのだ。だから、同時期に作曲された《リゴレット》(一八五一年初演) にくらべると歴史的なベルカント様式が色濃く残る《イル・トロヴァトーレ》(一八五三年初演) も、彼が指揮すると、むしろ作品のドラマティックな面が強調されるのである。

ともあれ、イタリア・オペラの解説を読むときも、イタリア・オペラ好きと語らうときも、「ベルカント」という語がどういう文脈で語られているかを意識したほうが、無用なトラブルを回避して、いっそう楽しいオペラ・ライフを送れるはずである。

4 二人の天才、ロッシーニとミケランジェロの意外な共通点

オペラの作曲は若くして投げだし、残りの人生は料理にささげた。おなじ音楽を使いまわした——。ロッシーニと聞いて、まっ先にそんな逸話を連想する人が多い。享楽的でいい加減な作曲家というイメージが強いのだ。たしかに七十六歳まで生きながら、三十七歳だった一八二九年に初演された《ギヨーム・テル Guillaume Tell》を最後にオペラの作曲から身を引いてしまったし、料理へのこだわりも人一倍強かった。あるオペラの曲をほかの作品に転用する例が多かったのも事実である。

著名な作品にかぎっても、典型的なオペラ・ブッファ（喜歌劇）である《セビリャの理髪師》の序曲が、オペラ・セリア（神話や歴史が題材のまじめなオペラ、正歌劇）である《イギリス女王エリザベッタ Elisabetta, regina d'Inghilterra》（一八一五年初演）のそれとほとんどおなじだったり、《ラ・チェネレントラ La Cenerentola》（一八一七年初演）のフィナーレに置かれたヒロインのロンド（アリア）が、《セビリャの理髪師》のアルマヴィーヴァ伯爵の大アリアから転用されていたり、ほかの作品の楽曲をセリアとブッファ、男と女というちがいもおかまいなしに使いまわした例が多い。日本でも二〇一四年一月、二月に藤原歌劇団が上演した《オリー伯爵 Le comte Ory》（一八二八年初演）にいたっては、別の章で触れる《ランスへの旅 Il viaggio a Reims》（一八二五年初演）の楽曲の多くを転用することで成りたっている。さらにいえば、《オリー伯爵》の筋書きは、若くて女たらしのオリー伯爵が、美しい夫

人が夫の留守居をしている城に忍びこみ、変装して夫人を口説くが失敗するというだけの、なんとも荒唐無稽《こうとうむけい》な話である。「いい加減な作曲家」というイメージが生じるのもしかたない面はある。

しかし、それなのに《オリー伯爵》がすぐれた演奏で上演されると、聴き手は豊かな音楽を聴いた満足感につつまれるのである。

普遍的だから転用できる

今日、歌劇場のレパートリーになっているオペラの多くはロマン主義の時代に書かれたものだから、私たちもロマン主義の作品を基準にオペラを解釈しがちである。だが、さかのぼって古典主義の時代には、オペラは異なった美学のうえに成りたっていた。そしてロッシーニは、あたらしい思潮であるロマン主義を意識し、ときに影響を受けながらも、古典主義の砦《とりで》を守ろうとした作曲家だった。ロッシーニが作曲した旋律はコロラトゥーラやアジリタで華やかに彩られ、美しい歌であることじたいがひとつの目的とされていた。つまり抽象的な美学に立脚した音楽だった。ロッシーニは音楽という芸術を、現実を模倣する絵画や彫刻とはちがう、模倣を必要としない「観念」だととらえていた。彼にとって音楽は、人物やその感情をスケッチする手段というよりは、純粋に音楽それじしんの力で聴き手に訴え、なんらかの感情を呼び起こすべきものだったのである。

ところが、イタリア・オペラも一八三〇年前後を境にロマン主義の影響のもと、それまであまり重んじられなかった個人の感情の描写が重視されるようになり、歌唱法もアジリタなど華麗な装飾をこらした「カント・フィオリート canto fiorito」（花で飾られた歌の意味）から、感情をこめてまっすぐに歌う「カント・スピアナート canto spianato」（なめらかな歌の意味）へと移っていった。こうして、美しい歌であることが目的だった「ベルカント」はしだいにすたれ、歌唱はドラマに劇的な真実性をあたえる手段へと変化していった。音楽がドラマを「模倣」するようになったのである。

ロマン主義の美学にもとづいて言葉と音楽の一体化をこころざしたワーグナーやヴェルディのオペラを基準に考えれば、ロッシーニがおこなった楽曲の転用はもってのほかだという主張もそれなりに成りたつ。しかし、ロッシーニを「いい加減だ」「のん気だ」と非難する意見は、じつのところ、まったく的を射ていない。

先に、ロッシーニは音楽を「模倣を必要としない観念」と考え、音楽それじたいの力で聴き手を組み伏せようとした、という旨を記した。ロッシーニは台本に描かれたドラマを音楽が写実することよりも、普遍性の追求を優先した。そして、普遍性があればこそドラマから切りはなすことができるのである。磨きをかけた楽曲は個別のドラマにしばられず、音楽として自足しているから、ほかのオペラへの使いまわしも可能だったのだ。むしろ楽曲の完成度が高いほど、新作オペラの完成度を上げるために積極的に転用した、と踏みこんで解釈しても、あながちいいすぎにはならないだろう。

ただし音楽家のロッシーニは、絵画や彫刻の世界にも現実の模倣にたよらない普遍的な表現が成りたつことには気づいていなかったようだ。私はロッシーニより三百年あまりまえに生を受けたルネサンスの天才、ミケランジェロ・ブオナローティ（一四七五〜一五六四）の絵画や彫刻に、ロッシーニの表現と相つうじるものを感じる。

現実を超えた表現の絶対性

十六世紀半ばから一世紀ほど、盛期ルネサンスとバロックにはさまれた時期を美術史ではマニエリスム期と呼ぶ。それは絵画にも彫刻にもミケランジェロの作品からの「転用」があふれた時代だった。マニエリスムとは、ミケランジェロの弟子で『ルネサンス画人伝』を記し、いまウッフィーツィ美術館になっているフィレンツェの新しい政庁舎を設計したジョルジョ・ヴァザーリ（一五一一～一五七四）の主張から名づけられた呼び名だ。ヴァザーリはミケランジェロの芸術的到達点をたたえ、その「マニエラ maniera」（イタリア語で「手法」の意味）を「自然をも凌駕《りょうが》する芸術的手法」と評価した。ミケランジェロの芸術的成果を「転用」して作品を構成できる同時代の芸術家たちは、それを知らなかった過去の芸術家にくらべ、おおいに優位に立ったと説いたのである。

それ以後、たとえばミケランジェロがヴァティカンのシスティーナ礼拝堂に描いた『天地創造』（一五〇八～一五一二）や『最後の審判』（一五三七～一五四一）に見られる、誇張され、理想化された筋骨隆々な人体の全体あるいは一部が、同時代の絵画や彫刻のなかに繰りかえし「転用」されるようになった。

Michelangelo Buonarroti

ミケランジェロ『天地創造』より「アダムの創造」(1511ごろ)

こうした状況はのちに、型にはまった形式主義だとして蔑視され、「マニエリスム」の英訳である「マンネリズム」はネガティヴな意味の言葉になってしまったが、二十世紀には、これもまた意味がある表現だったとして再評価されるにいたった。この時期に描かれたのは、模倣や写実とはほど遠い非現実的な色彩や、解剖学的にはありえないほど曲がりくねったり引きのばされたりした人体、遠近法的な奥ゆきや空気感を無視した空間だった。

それは市民の自治によって営まれていた自由都市が崩壊し、富裕な市民の目線で現実を明晰《めいせき》に、計量的に写実しようとしたルネサンスの精神が失われたのちに、狭い宮廷社会のなかで知的遊戯のように表現された芸術であった。ドラマやテクストから切りはなされた芸術表現の知的な抽象性に価値があったという点においても、ロッシーニの音楽との近似性が感じられてならない。

もっとも、ミケランジェロのエピゴーネンによる「転用」と比較しただけでは説得力に欠けるので、ミケランジェロじしん

ミケランジェロによるメディチ家のジュリアーノの像（左）とロレンツォの像

マニエリスム絵画の代表作のひとつ、パルミジャニーノ『首の長い聖母子』(1535)

の象徴的な逸話を紹介したい。一五二〇年から一五三四年にかけて、この大彫刻家はメディチ家の菩提寺であるフィレンツェのサン・ロレンツォ教会の新聖具室の設計および彫刻の制作にたずさわった。そこでは夭折したメディチ家の貴公子、ヌムール公ジュリアーノ（一四七九〜一五一六）とウルビーノ公ロレンツォ（一四九二〜一五一九）の石像をあしらった墓碑も彫ったが、完成後、二体とも故人に似ていないと批判された。じじつ、今日まで残されている両名の肖像画とくらべてもまったく似ていないが、ミケランジェロは「千年たてばだれも気にしない」といいはなち、批判を歯牙《しが》にもかけなかったという。彫刻がそれじたいとして高度に完成されているなら、模倣すべき現実などどうでもよかったのだ。

現実を凌駕《りょうが》する普遍的な表現への絶対的な信頼。ジャンルと時代は異なるが、天才であることがうたがいようもない二人に許された特権だったといえないだろうか。

5 水と油のようで影響しあっていたロッシーニとベートーヴェン

神奈川県の藤沢市民オペラで二〇一六年十月三十日、ロッシーニがイタリアで書いた最後のオペラで、オペラ・セリアの最高峰と評価される《セミラーミデ Semiramide》が演奏会形式で上演された。ほかの章で述べる「ロッシーニ・ルネサンス」を牽引《けんいん》してきたアルベルト・ゼッダ（一九二八〜二〇一七）の薫陶《くんとう》を受けた園田隆一郎（一九七六〜）の指揮は、約四時間におよぶ演奏時間を三時間ほどに切りつめながらも、この作品の古典的崇高さを、ロッシーニならではの快活なリズム感とうまくバランスさせ、知られざる魅力を聴き手に伝えることに成功していた。

「知られざる」といったが、コンサートで序曲が演奏されることがあるから、オーケストラの愛好家のあいだでは、題名くらいは知られているかもしれない。オペラ・ファンには、ヴェルディ《アイーダ Aida》（一八七一年初演）やプッチーニ《ラ・ボエーム La Bohème》（一八九六年初演）のようなポピュラーな作品とくらべるまでもなく、知名度はゼロに等しいだろう。しかし、よい演奏で聴けば、魅せられずにいるほうがむずかしいはずだ。それくらい作品のポテンシャルは高い。

《セミラーミデ》がヴェネツィアのフェニーチェ劇場で初演されたのは、日本では江戸の町人を中心に、いわゆる化政文化が栄えていた一八二三年二月三日。同時代の著名な楽曲には、たとえば翌一八二四年五月七日にウィーンのケルントナートーア劇場で初演されたベートーヴェンの交響曲第九番、いわゆる「第九」がある。

ロッシーニと楽聖ベートーヴェンを比較するなんてナンセンスだ、と思う人も少なくないだろう。音楽性も作曲家としての知名度や「格」もちがいすぎるではないか、と。今日における両者の一般的な評価や知名度を考えれば、そう思うのも無理はない。しかし、じつは二人が活躍していた当時の状況はまったくちがっていたのだ。

両者の音楽は遠くない！

ベートーヴェンは「第九」を、できればベルリンで初演したいと考えていたという。そのころのウィーンではロッシーニが熱烈に支持されており、楽聖はそんな環境で畢生《ひっせい》の大作を初演したくなかったのだ。じじつ、初演の十六日後、五月二十三日に同じウィーンのレドゥーテンザールで「第九」が再演されたさいは、ウィーンの聴衆の好みへの配慮から、プログラムにロッシーニのオペラ・アリアが加えられたというほどである。

藤沢市民オペラで《セミラーミデ》を指揮する園田隆一郎　©藤原市民オペラ

当時のロッシーニをめぐる状況を、スタンダールは『ロッシーニ伝』（一八二三）の冒頭にこう書いている。

「ナポレオンは死んだが、また別の男が出現して、モスクワでもナポリでも、ロンドンでもウィーンでも、パリでもカルカッタでも、連日話題になっている」(山辺雅彦訳)

かのナポレオン・ボナパルト(一七六九〜一八二一)とくらべられるほどの影響力だったとスタンダールが感じた状況とは、具体的にどれほどのものであったのか。オノレ・ド・バルザック(一七九九〜一八五〇)は、一八三一年のパリが舞台の小説『ガンバラ Gambara』(一八三七)のなかで、主人公にこう語らせている。

「和声というものが作られて、おかげでハイドン、モーツァルト、ベートーヴェン、ロッシーニが生まれたのです」(博多かおる訳)

ウィーン古典派の三人につづいてロッシーニの名があたりまえのように連ねられているが、その少しまえにはこんな記述がある。アンドレアという貴族が貧しい音楽家のガンバラに、あえてけしかける場面だ。

「実験を推し進めるために、アンドレアは実際に感じている共感を横において、ヨーロッパ中に広まったロッシーニの評判を激しく攻撃し始め、イタリア楽派に異議を唱えた。この論争では、

19世紀後半に描かれたロッシーニのカリカチュア

ヨーロッパの百以上の劇場で三十年来毎晩、イタリア楽派が勝利を収めていた。これは当然、たやすい仕事ではなかった。二言三言発するとすでに異義を唱える低いざわめきが彼のまわりで起きた」(同)あまりにロッシーニへの支持が優勢で、異議をとなえるのはきわめて難しい。バルザックはそういっているのである。

ロッシーニがベートーヴェンと比較されることに違和感をおぼえる人が多いのは、《セビリャの理髪師》のイメージが強いことと無縁ではなかろう。じっさい、ロッシーニのオペラで、作曲家の全盛期から今日まで間断なく上演されてきた唯一のものが、このオペラ・ブッファなのだからしかたない。それに《セビリャの理髪師》が音楽的にもドラマの展開のうえでも、活力あふれる完成度の高い傑作であるのはまちがいない。それでもロッシーニをブッファの作曲家としてとらえると、当時の圧倒的な人気の原因を見あやまりかねない。

《セビリャの理髪師》の初演は一八一六年二月で、それから《セミラーミデ》が初演されるまで、ロッシーニは七年間に十七のオペラを書いたが、ブッファと呼べるのは《新聞 La gazzetta》(一八一六初演)、《ラ・チェネレントラ》、《アディーナ Adina》(初演は一八二六年だが一八一八年作曲)の三作にすぎず(《ラ・チェネレントラ》も純粋なブッファとはいいかねる)、過半はオペラ・セリア、残りがセリアとブッファの中間の性質のオペラ・セミセリアだった。たとえば一八二二年には、ウィーンのケルントナートーア劇場で《ゼルミーラ》を皮切りに《マティルデ・ディ・シャブラン》、《イギリス女王エリザベッタ》、《泥棒かささぎ La gazza ladra》(一八一七年初演)、《リッチャルドとゾライデ Ricciardo e

Zoraide》（一八一八年初演）と、ロッシーニのオペラが連続上演されたが、ここにもブッファはふくまれていない。ウィーンの聴衆はロッシーニの喜歌劇の快活な楽しさより、むしろ悲劇をはじめとした崇高な音楽に酔ったのである。

ロッシーニのオペラはベートーヴェンの交響曲の対極にあると思われがちだが、あらためて聴きくらべると、とりわけオペラ・セリアとの比較では、それほど距離がないことに気づくはずである。

ロッシーニはウィーンで楽聖を訪問したとされている。のちにロッシーニが語ったという話によれば、そのときベートーヴェンは、スコアを読んだ《セビリャの理髪師》をほめながら、「あなたはオペラ・ブッファ以外には手を出さないほうがいい」とロッシーニに忠告したという。これはオペラを書きたいと思いながら、《フィデリオ Fidelio》（一八〇五年初演）ただ一作しか完成させられなかったベートーヴェンの牽制《けんせい》とは受けとれないだろうか。シューマンはこの訪問を、

Ludwig van Beethoven

「蝶々が鷲に出会った。鷲は、うっかり翼を動かしたら蝶々をおしつぶしてしまうので、道をゆずってやった」（吉田秀和訳）と皮肉っている。神聖ローマ帝国以来、ドイツを象徴する紋章であった鷲が、吹けば飛ぶような蝶を助けてやったとでもいたげだが、当時の実情を知ればシューマンの負け惜しみにしか聞こえない。そして現実には、二人の作曲家はたがいに影響しあっていた。《セミラーミデ》の緻密で濃厚な管弦楽には、

初演の前年、《ゼルミーラ》などを上演するためにおとずれたウィーンで聴いたベートーヴェンの交響曲の影響が感じられ、「第九」の第四楽章にも、ソリストたちのカデンツァやフィナーレのストレッタにロッシーニの影響が聴きとれるのである。

「第九」に勝るとも劣らない

《セミラーミデ》はロッシーニが栄光の頂点で作曲したオペラ・セリアで、作品の充実度においても頂点といえる。以後、ロッシーニはパリに移るが、この故国イタリアで書いた最後のオペラは、技巧的な装飾歌唱の完成度から各曲の気高さまで、集大成にふさわしいでき映えだ。ヴェネツィアの聴衆の嗜好にあわせた結果だろう、大きな序曲があって独立したアリアや二重唱中心に構成されているところなど、ロッシーニがナポリで進めてきた、大規模なアンサンブルを多くすえる革新的な構成にくらべれば保守的な面もある。だが、悲劇としてこれ以上ないほど彫琢《ちょうたく》されている。

芸術に真摯に身をささげ、苦難の末に大いなる高みにいたったベートーヴェンに対し、大衆に迎合してオペラハウスの寵児《ちょうじ》になったにすぎないロッシーニ——。そんな見方をする人もいるが、それはドイツ音楽、ことに交響曲をオペラより優位にすえる音楽史観にとらわれすぎた結果だろう。

もっといえば、《セミラーミデ》に描かれている物語も、舞台が紀元前一二〇〇年ごろのバビロニアだと聞けば、遠い世界のことのように感じられるかもしれない。しかし、そこに織りこまれたテーマは、いずれも現代に生きるわれわれにとっても切実なものだ。

物語は、バビロニアの女王セミラーミデ（ソプラノ）がかつて、王位をねらうアッスール（バス）にそそのかされ、夫であるニーノ王を毒殺した、という前提で進む。これは現代の保険金殺人などにもつながる話だ。アッスールが野望をむき出しにしながらも犯罪の露見をおそれて不安に駆られるのは、犯罪心理のたくみな描写といえよう。セミラーミデはアッシリア軍の司令官アルサーチェ（コントラルト）のことを、じつは自分がニーノ王とのあいだにもうけた息子のニニアなのだと知らずに恋してしまうが、これも二分に一組が離婚し、DNA鑑定で親子関係が証明されたり否定されたりする現代日本の状況につうじるところがある。そして、セミラーミデがじつの母だと知らされたアルサーチェは、苦しみながら和解するものの、誤って母を手にかけてしまう。親殺しや子殺しがニュースになることがめずらしくない昨今だが、たとえ誤ってであっても実母を殺《あや》めてしまったとき、人はどんな苦悩をかかえるのだろうか。

われわれにそんな考察をも課す《セミラーミデ》は、「第九」に勝るとも劣らないポテンシャルを秘めている。すぐれた演奏に接すれば、それに気づくはずである。

6 速攻でオペラを書きあげてもドニゼッティはいい加減ではなかった

生まじめな人が好まないオペラ作曲家の代表格といえば、ロッシーニとドニゼッティだろう。前者はすでに述べたように、上演ずみのオペラの楽曲をたびたび新作に転用したうえ、レチタティーヴォ・セッコ（チェンバロやフォルテピアノなどでの簡単な通奏低音の伴奏によるレチタティーヴォ）や、場合によっては一部のアリアまでを第三者に作曲させたから。そして後者は、流れ作業のように機械的にオペラを粗製乱造したから、というわけだ。

しかし、ロッシーニについては、彼が書く音楽がよい意味で抽象的で、特定のリブレット（台本）から切り離しても音楽がそれじたいとして成りたっていたから、転用しやすかったという事情がある。また、作品の一部を第三者にまかせたのも、当時の常識に照らせば非難すべきことではない。オペラはいまではそのほとんどが古典だが、当時はわれわれにとっての映画やテレビドラマ、あるいはゲームのような流行を反映した娯楽だった。したがって、いまテレビ各局がシーズンごとに人気俳優を集め、新作ドラマの視聴率競争でしのぎを削るように、各劇場が人気作曲家と人気歌手を集めて競っていた。だから劇場は制作時間を

Gaetano Donizetti

いかに短くするかで頭を悩ませ、その結果、レチタティーヴォ・セッコの作曲などは劇場づきの職人にまかせることが、事実上システム化されていたのである。

では、ドニゼッティはどうだろう。たしかに、一八四八年に五十歳で亡くなるまでに書いたオペラはおよそ七十作にもおよぶ。一八三〇年、三十二歳のときにミラノで初演された出世作《アンナ・ボレーナ Anna Bolena》がすでに三十二作目で、それから健康を害して作曲できなくなる一八四四年までの十三～十四年間に、四十作近くも書いたのだ。それにくらべれば、プッチーニは六十五歳で亡くなる直前までオペラを書きつづけたが、書きあげたのは「三部作 Il trittico」を一作ずつ数えても十二作にしかならない。ヴェルディも七十九歳まで新作を書きながら、二十八作しか遺していない。しかも、ヴェルディは一八四三年初演の《第一次十字軍のロンバルディア人 I Lombardi alla prima crocita》から一八四七年初演の《アッティラ Attila》までの四年間について、つぎつぎと注文をこなして六作ものオペラを書いた「苦役の年月」だったとのちに回想したが、ドニゼッティの勢いにくらべれば、かわいいものである。やはりドニゼッティはオペラを粗製乱造したのだろうか。

作曲技術がずば抜けて高かった

たしかにドニゼッティは常軌を逸する速筆だった。一八三二年に初演された《愛の妙薬 L'elisir d'amore》は、台本を担当したフェリーチェ・ロマーニ（一七八八～一八六五）の妻が遺した回想録によれば、わずか十四日で書かれたことになっている。じっさいには数週間かかったと考えられているが（《パリ

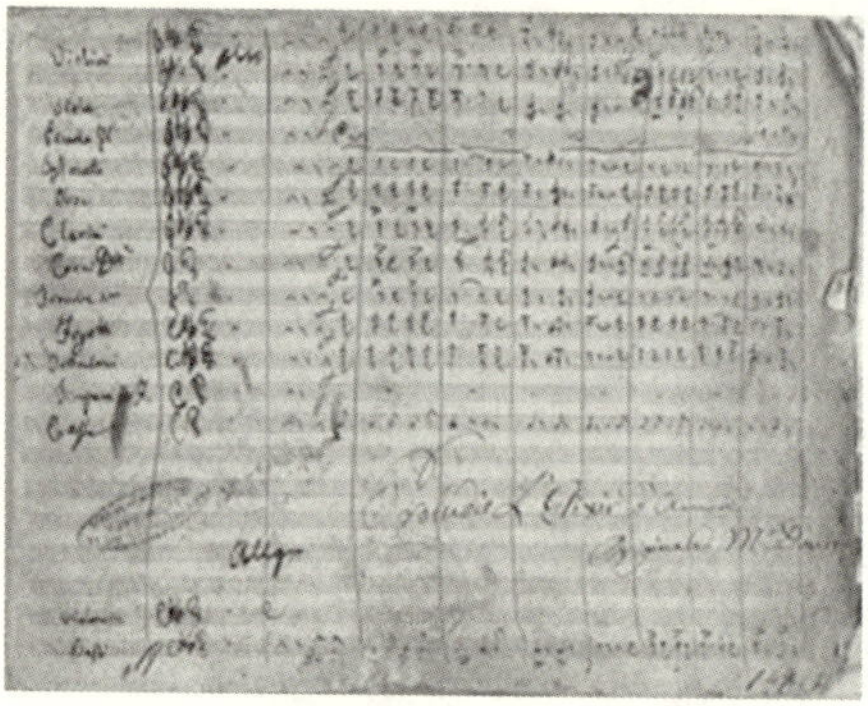

ドニゼッティ《愛の妙薬》第１幕の自筆譜

の伯爵ウーゴ Ugo conte di Parigi》が初演された三月十二日から、《愛の妙薬》のリハーサルがはじまった五月一日までのあいだに書かれたと考えられる）、そうだとしても並大抵のスピードではない。《ドン・パスクワーレ Don Pasquale》（一八四三年初演）も、パリのイタリア劇場とのあいだで作曲の契約が交わされたのが一八四二年九月二十七日で、その後、同劇場で《シャモニーのリンダ Linda di Chamounix》を上演するのに忙殺されたのち、わずか十一日で作曲されたといわれ、ドニゼッティじしん、「十日以上も費やした」と豪語している。さすがに十一日で書きあげたのはヴォーカルのパートと低音部だけだった模様だが、その後のオーケストレーションはドニゼッティにとって、たやすいものだったようだ。

じじつ、ドニゼッティは、

「私のモットーを知っているか？ プレストだ！」

と、一八四三年に台本作家ジャコモ・サッケーロに宛てた手紙に書いている。「プレスト presto」とは「速く」という意味のイタリア語で、手紙の文面は、

「非難されるかもしれないが、うまく作曲できた作品はいつも速く書いたものなのだ」

とつづく。現に、《愛の妙薬》はミラノのカッノビアーナ劇場での初演が大成功を収め、《ドン・パスクワーレ》の初演も、まぎれもない成功だったと伝えられる。また、彼の最高傑作とされることが多い《ランメルモールのルチア Lucia di Lammermoor》(一八三五年九月初演)も、台本作家がサルヴァトーレ・カンマラーノ(一八〇一〜一八五二)に決まってから一カ月超で、オーケストレーションにいたるまですべてを書き終えている。しかも、ここにあげた驚異的な速さで仕あげられた作品のいずれもが、ドニゼッティが忘れられかけていた時代をふくめ、今日まで途切れることなく上演されていることは、注目に値する。

それはなにを意味するのか。ひとえに、ドニゼッティの作曲技術がずば抜けて高い水準にあったということだろう。ミラノの北東約四十キロに位置する古都ベルガモの、まずしい職人の家に生まれたドニゼッティは九歳のとき、地元に開校したばかりの慈善音楽学校に入学し、学校の設立に尽力した

Giovanni Simone Mayr

ジョヴァンニ・シモーネ・マイール(ヨハン・ジーモン・マイアー、一七六三〜一八四五)と出あう。このドイツのバイエルン地方の生まれながら北イタリアで活躍したすぐれた音楽家は、九年間にわたってガエターノ少年を徹底的に手ほどきし、卒業すると自費を投じてまで、スタニスラオ・マッテイ神父(一七五〇〜一八二五)のもとで対位法を学べるようにとボローニャに留学させた。こうして習得された作曲技術がドニゼッティのな

かで血肉化された結果、弁が立つ人にとって言葉が自由に湧きでるように、リズムやメロディーを自在に繰ることができるようになったのだ。粗製乱造ではない。ドニゼッティには速く書ける能力と技術があったということである。

感情を惜しみなく注ぎこんだ

ドニゼッティの速筆の技術は、フレスコ画の制作にたとえられるかもしれない。フレスコ画は壁に塗った漆喰が生乾きのうちに水性の絵具で描き、石灰のなかに絵具を染みこませる技法だ。漆喰がかたまると表面に被膜ができて絵が保護されるため、完成した絵は耐久性が高くなるが、半面、画家は漆喰がぬれているうちに描き終えなければならないからたいへんだ。ラッファエッロ・サンティ（一四八三〜一五二〇）の『アテナイの学堂』、あるいはミケランジェロの『天地創造』や『最後の審判』といった大傑作も、そうして描かれたのである。グリエルモ・バルブランとブルーノ・ザノリーニ両氏の共著『ガエターノ・ドニゼッティ　ロマン派音楽家の生涯と作品』（一九八三）には、

「芸術的営為というのは完成された職人芸の枠から生まれるものであるとしていたルネサンス時代の芸術家たちの伝統に、ドニゼッティも連なっているといえる」（高橋和恵訳）

という記述がある。

このように書くと、ドニゼッティは芸術家というよりも、十八世紀的な職人だったのではないか、と受けとるむきもあるかもしれない。しかし、盛期ルネサンス時代のラッファエッロやミケランジェ

ロが、圧倒的な職人芸を習得した先におおいなる創造性を発揮し、芸術家としての強烈な自負をいだくようになったのとおなじように、ドニゼッティも芸術家が個性や自我を主張したロマン主義の申し子であった。先に書いたように、「プレスト」をじしんの「モットーだ」としたことじたい、強い自意識のあらわれだろう。

ロマン主義の世界に足を踏みいれるのをためらったロッシーニの音楽が、描かれた人物の感情から一歩下がっていたのに対し、ドニゼッティは人物の心に寄りそい、肩いれし、ときに不安や衝動をいっしょに体験しているように感じられる。ブッファの《愛の妙薬》が、ネモリーノのロマンツァ(アリア)「人知れぬ涙 Una furtiva lagrima」に象徴されるように真摯な感情のほとばしりにあふれ、聴き手の涙をさそうのも、《ランメルモールのルチア》の「狂乱の場」で、長調の美しいメロディーをとおして聴き手が底知れぬ狂気の世界にさそわれるのも、ドニゼッティが自分のなかに血肉化された作曲の至芸をとおして生み出した精度の高い音楽に、みずからのほとばしる感情を惜しみなく注ぎこんだからだろう。

そうであるなら、興が乗って速く仕あがった作品が聴き手の心を揺さぶるのは自然なことである。加えて、作品にこめられた感情の深さは、彼が晩年にわずらった精神疾患と無縁ではない気がするといったら、いいすぎだろうか。

7 「ロッシーニ・ルネサンス」が進んで「ヴェルディ・ルネサンス」が進まない理由

「ロッシーニ・ルネサンス」という言葉がある。近年は世界じゅうの劇場でセリアからブッファまで数々のオペラが頻繁に上演されているロッシーニだが、じつは長く不遇の時代がつづいたのちに「再生」されているのである。

別の項でも触れたように、同時代にヨーロッパじゅうを熱狂させたそのオペラは《セビリャの理髪師》と、たまに上演された《ラ・チェネレントラ》をのぞけば、百年以上にわたって歌劇場のレパートリーからほぼ消えていた。《セビリャの理髪師》にしても、上演するたびにスコアのあちこちがカットされたり改変されたりして、ロッシーニが書いたものから遠ざかっていたのだ。

Alberto Zedda

そんなスコアのあり方にはじめて疑問をいだいたのが、ペーザロで開催されるロッシーニ・オペラ・フェスティヴァル（ROF）の芸術監督を二〇一五年末までつとめ、二〇一七年三月に亡くなった指揮者で音楽学者のアルベルト・ゼッダだった。彼はロッシーニの自筆譜をていねいに検証し、一九六九年に《セビリャの理髪師》、一九七一年に《ラ・チェネレントラ》の批判校訂版を完成させ、それを機にロッシーニのすべてのオペラについて、批判校訂版の編纂がはじめられることになった。こうして「ルネサンス（再生）」の基盤ができ、その後、すぐれた三位一体のしくみで深掘りされていった。すなわち、ロッシーニ財団での研究をとおして批判校訂版の編纂を進め、それをROFの上演で実践し、長く忘れ去られていたロッシーニと同時代の技巧的、装飾的な歌唱を習得した歌手を、ペーザロのロッシーニ・アカデミーで養成する、というしくみだ。その結果、演奏家も聴き手もロッシーニのオペラの魅力に気づき、世界に広まっていったというわけである。

二〇一六年からROFの芸術監督に就任したエルネスト・パラシオ（一九四六〜）にインタビューすると、そのことをこう語った。

Ernesto Paracio

「ロッシーニは《セビリャの理髪師》と《ラ・チェネレントラ》がたまに演奏されるくらいの、すっかり忘れられた作曲家でした。今日のように復興されるにあたってROFがきわめて大きな貢献をしていることはうたがいありません。ロッシーニ財団と協調しながら学究的かつ文献学的な仕事をかさねると同時に、ロッシーニの数々のオペラを、忘れ去られたものもふくめて舞台上演してきたからです。こうして〝ロッシーニ・ルネサンス〟と呼ばれる状況を生みだしてきました。また、新しい歌い手を発見するうえで重要なのがロッシーニ・アカデミーです。ROFでロッシーニの〝再生〟が実現したのは、とても立派なこと。ほかの歌劇場がロッシーニのオペラは興味深いと気づいて今日のように上演するようになったのも、私たちが積みかさねてきたことの影響によるものです」

ヴェルディが意図しなかった「演奏慣習」が踏襲される

ひるがえってヴェルディのオペラはどうか。初期の作品には上演機会がきわめて少なかったものもあるが、多くは初演以来、間断なく上演されている。だから「ルネサンス」すなわち「再生」する必要がない――。そう思われがちだが、現実にはヴェルディのオペラにこそ「ルネサンス」の到来が待たれている。

二〇一六年二月、東京二期会がいわゆる若手指揮者「三羽烏《がらす》」のひとり、アンドレア・バッティストーニを招聘《しょうへい》してヴェルディの《イル・トロヴァトーレ》を上演した。この作品独特の夜の色彩感を絶妙に漂わせ、高い統率力のもと、小気味よいテンポで濃密な音を響かせ、その指揮ぶりはさすがのものだった。ただし、残念に感じられた点もあった。彼は旧来の「演奏慣習」をそのまま踏襲していたのだ。

演奏慣習とは上演がかさねられるなかで演奏家などが勝手に加えたカットや改変で、作曲家が指示したものではない。《イル・トロヴァトーレ》でいえば、第一幕のレオノーラのカヴァティーナ「おだやかな夜 Tacea la notte placida」の反復部がカットされ、第二幕のルーナ伯爵のアリア「君の微笑みの Il balen del suo sorriso」ではスコアに書かれたものと異なるカデンツァが歌われ、第三幕のマンリーコのカバレッタ「見よ、恐ろしい炎を Di quella pira」は中間部と反復部がカットされたうえ、スコアに書かれていないハイC（三点ハ＝ド）が高らかに響く……。バッティストーニのもとでもそれらは踏襲され、しかも、くだんのカバレッタはスコアにないハイCで失敗するリスクを避けるために低く移調され、ヴェルディによる調性の設計が壊れてしまった。ほかにも、歌手たちは声を誇示するためにあちこちでテンポ・ルバートし、アリアの歌い終わりはオクターヴ高く声を張りあげる。ヴェルディはじしんが書いた原典がそこなわれることを警戒していた作曲家だったのに、である。

念のためにいえば、右のようなカットや改変が加えられた演奏が今日のスタンダードであって、バッティストーニは「常識」に従ったにすぎない。ただ、若くて学究肌のバッティストーニには、こうした因習を断ち切ってほしかったと思うのだ。

もうひとつ気になることがあった。二〇一五年夏、バッティストーニに彼の生地ヴェローナでインタビューしたさい、「《イル・トロヴァトーレ》の演奏では批判校訂版のスコアを使いますか」と聞いた。ヴェルディのオペラのスコアもシカゴ大学で批判校訂版の編纂が進み、一九八三年から『ヴェルディ全集』として刊行がはじまっているのだ。ところが、「たいして変わらないから旧版でじゅうぶん」という回答。現実には歌唱に対する指示を見ても、リコルディ社の旧版と批判校訂版とではそれなりにちがう。批評校訂版ではフレーズに強弱の変化が頻繁に要求され、「ドルチェ（甘く）」とか「モレンド（死ぬように）」とか「*ppp*」（ピアノピアニッシモ）といった指示があちこちに加えられている。指示どおりに歌うと、「歌手の黄金時代」と呼ばれた二十世紀半ばの録音に残された、暗めの声を強く押しだし、アクセントを強調したものとは、かなり異なった歌が聴こえるはずだ。

ヴェルディのオペラは上演が途絶えた期間があまりない。それが災いして、一八九〇年ごろからヴェリズモ・オペラの影響で大声でさけぶような歌い方が導入され、今日までその影響が残ってしまっている。だが、とくに初期から中期の作品はヴェルディのほんらいの指示に即して歌うと、ドニゼッティ、さらにはロッシーニのオペラにも近いスタイルが要求されていることがわかるのである。

上演が途絶えなかったばかりに

たしかにヴェルディは、ロッシーニのような歌唱重視をあらため、ドラマを主軸にしたオペラへと転換をはかり、声の用法も徐々に変えていった。だが、それは漸次的で、後期の作品でも声を柔軟に使うことをもとめている。「ヴェルディの声」といういい方があるが、それは後世、ヴェリズモ風の歌い方がヴェルディにも適用されるなかで定着したイメージにすぎない。そもそもヴェルディの、とくに初期や中期の作品を初演時に歌ったのは、ベルカントのテクニックを習得し、ロッシーニやドニゼッティのオペラをレパートリーにしていた歌手たちなのだ。それを考えれば、はげしく声を張りあげる絶叫調のヴェルディは原点から遠いことがわかるだろう。

このところ、ロッシーニやドニゼッティ、ベッリーニなどの作品を得意としていた歌手たちがヴェルディのオペラを歌うことが多くなった。テノールのフランチェスコ・メーリ（一九八〇〜）やグレゴリー・クンデ（一九五四〜）、メッゾソプラノのダニエラ・バルチェッローナ（一九六九〜）、ソプラノのアンナ・ネトレプコ（一九七一〜）、エーレナ・モシュク（一九六四〜）……。彼らの活躍でヴェルディの歌唱は変わりつつあるものの、まだまだ絶叫も多く聴かれる。そのうえ、ヴェルディの原典から遠ざかった演奏慣習もなかなかあらたまらない。私はバッティストーニの演奏を評価する点においては人後に落ちないつもりだが、あれほど知的な指揮者が演奏慣習という因習を踏襲しているところに、問題の根深さが象徴的にあらわれていると思う。

ロッシーニのオペラは長い断絶があったため、かえって受けつがれた因習が最小限ですみ、「再生」への道をたどるのが容易だった。一方、ヴェルディのオペラは上演が途絶えなかったばかりに、多くの手垢《てあか》がつき、それを払うのがいまなお容易ではない。「ヴェルディ・ルネサンス」の道のりは遠いけれども、二十年もたてば「昔はヴェルディ作品の楽譜をあんなに切り刻んで平気だったんだよ」と、驚きとともに回想されるようになるはずだ。いや、そうなるように願っている。

8 ゆがめられてきた「ベルカント」の最新現場レポート

ロッシーニ、ドニゼッティ、ベッリーニのオペラを「ベルカント・オペラ」とひとくくりに呼ぶことには抵抗がある。ロッシーニまでは技巧的な装飾を前提に、美しい歌そのものを味わうことに意味があったが、ドニゼッティやベッリーニはオペラに感情をこめた朗唱をもちこみ、アジリタの役割にしても唯美的な表現から、心模様を描写する手段へと変わっていった。だから、ドニゼッティやベッリーニの作品は「ベルカントの名残をとどめた初期ロマン派のオペラ」としたほうが正確だろう。

しかし、ロッシーニ流の装飾歌唱も、ドニゼッティやベッリーニの朗唱的表現も、オペラがさらにドラマを重視するようになる過程で流行遅れになった点で共通している。このため、元来のベルカントも朗唱的なベルカントも、様式をふまえて表現できる歌手が失われ、正しく再現するのが難しくなってしまったのだ。近年ようやく往年のベルカントの歌唱法が復興され、これらの作曲家の知られざる傑作がつぎつぎと蘇演されているのはうれしいことだ。その一方で、初演以来あまり途切れず上演されてきたオペラもある。代表格のひとつは、一八三一年にミラノのスカラで初演されたベッリーニ《ノルマ Norma》、もうひとつはドニゼッティ《ランメルモールのルチア》である。

ただし、上演が途切れなかった作品は、ヴェルディのオペラについて先に述べたように、作曲家の意図と無関係のカットや改変がかさねられ、それが「演奏慣習」となって、われわれが耳にしているのは初演当時の音楽と異質のものであることもめずらしくない。

たとえば《ノルマ》は、現在ではノルマ役を強い声のソプラノが、アダルジーザ役をメッゾソプラノが歌うのが一般的だが、初演でノルマを歌ったジュディッタ・パスタ（一七九七～一八六五）の声は、むしろ現在のメッゾソプラノに近かったと考えられている。一方、アダルジーザを歌ったジューリア・グリージ（一八一一～一八六九）は、四年後に《清教徒 I Puritani》（一八三五年初演）のエルヴィーラ役を創唱したことからも、ノルマ役より軽快で高い声のソプラノだったはずだ。また、今日ではドラマティック・テノールが歌うことが多いポッリオーネ役の初演歌手は、ロッシーニの装飾歌唱が得意なドメニコ・ドンゼッリ（一七九〇～一八七三）だった。それを、いま一般的であるような配役で演奏するために、なにがおこなわれてきたか。アダルジーザのパートを低く改変し、ポッリオーネが歌うべき装飾的カデンツァをカットするなど、ベッリーニのオリジナルをゆがめてきたのである。

タイトルロールの歌唱をはじめ、オペラ全体がオリジナルより劇的に演奏されるようになったのが《ノルマ》なら、その逆に向かったのが《ランメルモールのルチア》だった。ルチア役はほんらい、ソプラノ・ドランマティコ・ダジリタ（アジリタが歌えるドラマティックなソプラノ）のものだが、技巧的な歌手が減少していく流れのなかで、ルチア役は軽い声のソプラノがコロラトゥーラをアクロバティックに披露する場になった。その結果、スコアにない超高音をつけ加えやすいように、第一幕のルチアの登場のカヴァティーナは全体が半音下げられ、狂乱の場も低く移調されたうえで、有名なフルートとの掛けあいのカデンツァが加えられた。同時にオリジナルのカデンツァは随所で省略され、ルチア以外のパートもさまざまにカットされるなど、オペラ全体がゆがめられることになったのだ。

ベートーヴェンの交響曲にこうして手を加えようものなら、演奏家は総スカンをくらうにちがいないが、オペラの歴史では、それはふつうにおこなわれてきた。近年、ベルカントの技巧を習得した歌手が増え、原典志向も高まり、状況は改善されつつあるが漸次的だ。最近の状況を確認するねらいもあって、二〇一七年四月二十七日、ヴェローナのフィラルモーニコ劇場で《ノルマ》を、二十八日と二十九日にヴェネツィアのフェニーチェ劇場で《ランメルモールのルチア》を鑑賞した。

二十世紀の「伝統」を踏襲した《ノルマ》

ヴェローナの《ノルマ》は演出、美術、衣装を、アルゼンチン出身のウーゴ・デ・アナ（一九四九〜）が手がけていた。デ・アナの《ノルマ》といえば、故江副《えぞえ》浩正氏がオーナーだったラ・ヴォーチェが制作し、二〇〇三年七月に新国立劇場で上演されたものが思いだされるが、その舞台が使われていたのだ。巨大な円柱が二本建つ古代の神殿風の装置のもと、人々がナポレオンの時代を思わせる衣装を着たものである。当時、この公演のチケットはS席が四万五〇〇〇円で、フィオレンツァ・チェドリンス（一九六四〜）のノルマをはじめ豪華なキャストではあったが、オーケストラも合唱も日本人がつとめるオペラとしては異例の高額だった。江副氏はかなりの私財を投じたが、デ・アナが際限なくコストをかけるのでこのチケット料金でもまったく採算がとれない。そう聞かされたのを思いだす。

ところで、古代ローマ支配下のガリアが舞台の《ノルマ》に、なぜナポレオン時代の衣装なのか。

たとえばルネサンス絵画は聖書の場面でも、人物は画家と同時代の装束を身にまとっていることが少なくない。同じくオペラも誕生した当初から、歴史劇や神話の登場人物が作曲家と同時代の衣装を着て演じられることが多かった。デ・アナはそうした歴史的経緯をふまえ、ヴィジュアルを《ノルマ》の初演時からさほどさかのぼらないナポレオンの時代に設定したのだ。いずれにせよ、巨費を投じた舞台がいまもイタリアで使われているのを見てホッとした。

ウーゴ・デ・アナ演出の《ノルマ》(2017)

ただし演奏には不満が残った。「演奏慣習」に縛られたままだったからだ。

ノルマ役のチッラ・ボロスは、圧倒的な響きとつんざくような高音を得意とするハンガリーのソプラノで、力強く輝かしいかかわりに細部に表現がゆきとどかず、とくに中低音にニュアンスが欠け、速いアジリタをふくむパッセージは音符についていけない。アダルジーザ役のイタリア人のアンナ・マリア・キウリは、ドスがきいた強いアクセントが特徴のメッゾソプラノだ。近年は《アイーダ》のアムネリスや《イル・トロヴァトーレ》のアズチェーナなどをよく歌っており、ノルマより年少の巫女《みこ》という元来の設定とはかけ離れた存在感をはなつ。第二幕のノルマとの二重唱など、大相撲幕内結びの一番のような重量級の響きになってしまった。

ポッリオーネを歌ったイタリア人のルーベンス・ペリッツァーリも押し出しの強いテノールで、《アイーダ》のラダメスやプッチーニ《トゥーランドット Turandot》(一九二六年初演)のカラフなどが得意なようだ。装飾的なパッセージでは声がまわらず、ベッリーニが想定した細やかなニュアンスは望むべくもない。断っておくが、私はこれらの歌手に力量がないといっているのではない。ただ、《ノルマ》には適材でないのだ。

指揮したのは一九八二年生まれのイタリア人、フランチェスコ・イヴァーン・チャンパだった。全体を造形する力やオーケストラの統率力に目を見張るものがあり、作曲家のオリジナルの意図を問わなければ、ポッリオーネとの二重唱をふくむノルマのアリア・フィナーレなどは崇高で心を打たれた。しかし結果的に音楽は、中期以降のヴェルディであるかのようにドラマティックに創られていた。初演当時、聴き手を陶酔させた《ノルマ》と異質のものであったことはうたがいない。

初期ロマン派の響きに近づいたヴェネツィアの《ルチア》

つづいてヴェネツィアで鑑賞した《ランメルモールのルチア》は、音楽面の取りくみが右の《ノルマ》と対照的だった。指揮者は新国立劇場にもたびたび登場しているリッカルド・フリッツァ(一九七一〜)。私がこれまで生で聴いた《ルチア》のなかでは最もオリジナルに忠実な演奏で、原典の細部がいかに生命力を宿しているのかを実感させられた。

第一幕のエンリーコの「シェーナとカヴァティーナ」から、合唱や繰りかえしをカットせずに演奏された。ルチアが登場する「シェーナとカヴァティーナ」は、ルチアの純真さを象徴するハープが聴きなれたものよりも複雑な旋律線をたどり、カバレッタの部分では省略されることの多いルチアの無邪気さをあらわすようなカデンツァが演奏された。つづくルチアとエドガルドの二重唱も、後半部に入る前のオクターヴ上げて歌われることが多いエドガルドのパートが楽譜どおりに歌われ、旅立つエドガルドの「君のことをいつも覚えていよう Io di te memoria viva. sempre o cara, serberò.」という言葉の奥のさみしさを認識させられた。また、二重唱が高い変ロ（シ♭＝B）音で締められる前に置かれた、テノールの変ホ（ミ♭＝Es）という超高音をふくむカデンツァも歌われた。第二幕も、エンリーコとルチアの二重唱のはずむような後奏が省略されずに演奏されたが、その結果、能天気そうな音楽も、ルチアの絶望を浮きあがらせる装置として効果的に機能していることに気づかされるのだ。

限界もある。第一幕のルチアの「シェーナとカヴァティーナ」は慣例にしたがってオリジナルより半音下げられ、「狂乱の場」もオリジナルのニ短調ではなくハ短調で演奏された。低く歌われてきたのは、先にも述べたようにソプラノが超高音を披露しやすくするためだ。「狂乱の場」のフルートとの掛けあいをふくめ、《ルチア》ほどソプラノの超高音が聴衆から期待されるオペラも少ないから、いたしかたない措置なのだろう。後日、フリッツァにたずねると、

「ほんとうは原典どおりに演奏したいし、『狂乱の場』のカデンツァもカットしたいのだけど、大劇

場の聴衆の好みを考えると、いちどには改革できない」と語った。ただし「狂乱の場」ではフルートではなく、ルチアの心の危機をあらわすのにふさわしいとドニゼッティが望んだ（困難と判断して楽譜からは削ってしまったが）グラスハーモニカが使われ、通常はカットされる後奏も演奏された。

だが、フリッツァの指揮の白眉は絶妙のテンポとデュナーミクのつけ方だ。引き締まった演奏で、古典劇のように端正な枠組みをもうけながら、ロマン派の息吹をそこかしこに感じさせる。ルチアとエドガルドの二重唱では、ルチアが愛だけに心を燃やしてほしいと願うところでたっぷりと歌わせたかと思うと、二人の心の焦りが煽《あお》りたてるようなオーケストラとともに表現され、離ればなれになるさみしさを感じて静まったのち、ふたたび二人の心が前のめりになるとオーケストラをアッチェレランドさせる。「狂乱の場」もたゆたうように歌わせ、一転、コロラトゥーラのパッセージを足早に駆けぬけさせる。こうしてルチアの精神の揺らぎが、聴き手の心を圧迫するかのように伝わるのだ。先に記した細部が、こういう演奏でこそ息づくのはいうまでもない。

フェニーチェ劇場《ルチア》で歌うシエラ　© Michele crosera

歌手も適材が配置されていた。四月二十九日の出演組を中心に記すと、ルチアを歌った一九八八年生まれのアメリカのソプラノ、ナディーン・シエラには驚かされた。美しく正確なアジリタ、色彩的でニュアンスに富んだフレージング、しなやかで艶《つや》やかで適度に翳《かげ》りもある声、アメリカ人としては異例の美しいイタリア語、輝かしい超高音。こうして歌唱が洗練されているうえに容姿もチャーミング。彼女は今後、時代を代表するルチア歌いとして認められるだろう。ルチア役はほんとうは軽い声のソプラノには歌いこなせない。楽譜にない超高音を付加する慣習があるため、いまも変ホ(Es)の最高音を響かせるのが必須のように思われているが、むしろ《ラ・トラヴィアータ》のヴィオレッタなどと同様に、力強いフレージングのなかに感情を表出する力こそが重要なのだ。その点、シエラの声には質量もあり、《ルチア》というオペラのドラマとしての深さを示してくれた。

エドガルド役はサルデーニャ島出身のフランチェスコ・デムーロ(一九七八〜)。初演で歌ったフランス人のジルベール・ルイ・デュプレ(一八〇六〜一八九六)は、この役を優美で情熱的で緊張感のあるフレージングで満たしたという。デムーロの歌も叙情的である一方、しばしばフレージングに感情のほとばしりを感じさせる。そして輝かしい胸声の高音。ロマン派テノールの走りだったデュプレも同じように表現したのだろうか、と想像させられる歌唱だった。オーストリアのバリトン、マルクス・ヴェルバ(一九七三〜)もモーツァルトを得意とするだけあって、強く押すように歌われがちなエンリーコという役を端正に歌い上げ、細やかなニュアンスが聴きとれた。いずれも微に入り細に入り指示を受けたのだろう、フリッツァの意図をよく理解し、この《ルチア》を高い完成度に導いた。つけ加えれば、その翌日にルチアを歌ったチェコ出身のズザーナ・マルコワも一九八八年生まれ。シエラとくらべると金属的な響きなどが気になったものの、甲乙つけがたいすぐれたソプラノであった。

こうして初期ロマン派の響きに近づいた《ルチア》を演出したのは、ドニゼッティと同じベルガモ出身で、同地のドニゼッティ財団の芸術監督でもあるフランチェスコ・ミケーリ（一九七五〜）だ。幕が開くと舞台中央にはテーブルや椅子、ベッドなどの家財道具がうずたかく積みかさなっている。人々は生気がなく、舞台右前方にいるエンリーコだけが此岸《しがん》にいて、他者は彼岸にいるように見える。私はこの演出のねらいが初日にはいまひとつ理解できなかったが、翌日、疑問が氷解すると心をぐいぐいと奪われた。

舞台上で展開しているのは、悲劇が終わったのちのエンリーコの脳裏なのだ。家の再興という責務を負ったエンリーコは、その重圧にたえながら妹に政略結婚を強いて、おぞましい悲劇をまねいてしまう。エンリーコはいま、深い悔恨にさいなまれながら過去を回想している。だから、ルチアとエドガルドの二重唱の場面にもエンリーコがいるが、恋人たちにはその姿は見えない。恋人たちは刹那《せつな》の別れを惜しみながら、悲劇の結末を知らずに永遠の愛を誓っているが、エンリーコにはその先のすべてが見えている。聴衆もエンリーコの視点に立つと、恋愛の成就を信じるルチアの無邪気な面《おも》もちが、わずかのちにどんな苦悶の表情に変わるかがわかるだけに、なおさら涙を誘われる。

伝統の手垢のような「演奏慣習」との向きあい方ひとつで、オペラはこうもちがった姿を見せるのである。

9 《ラ・トラヴィアータ》初演をあえて「失敗」としたヴェルディの戦略

今日、世界じゅうで繰りかえし上演されているポピュラーなオペラでも、初演は惨憺《さんたん》たる結果に終わったと伝えられるものは少なくない。一八一六年二月にローマのアルジェンティーナ劇場で初演されたロッシーニの《セビリャの理髪師》は、歌手たちもオーケストラも作曲家じしんも、聴衆のすさまじい怒号を浴びたというし、プッチーニの《蝶々夫人 Madama Batterfry》が一九〇四年二月、ミラノのスカラ座で初演されたときも、音楽が聴こえないほどの野次が飛ばされたという。

ヴェルディの《ラ・トラヴィアータ La Traviata》（いわゆる《椿姫》）も同様に伝えられている。一八五三年三月六日にヴェネツィアのフェニーチェ劇場で初演されると、その翌日、ヴェルディは弟子のエマヌエーレ・ヌツィオ（一八二一～一八九〇）に、

「《ラ・トラヴィアータ》は昨夜、失敗した。私のせいだろうか、歌手たちのせいだろうか？　時が判断してくれるだろう」

と書き送った。指揮者のアンジェロ・マリアーニ（一八二一～一八七三）に向けてもこう書いている。

「《ラ・トラヴィアータ》は大失敗し、最悪なことに聴衆に笑われた」

失敗の理由は、ヴィオレッタ役のソプラノが太りすぎていて、結核で死ぬように見えなかったからだ、と語られることが多い。たしかに、ヴェルディはヴィオレッタ役のファンニ・サルヴィーニ・ド

ゴンドラでフェニーチェ劇場に集まる19世紀ヴェネツィアの聴衆

ナテッリ（一八一五〜一八九二）が気に入らず、別の歌手にかえてほしいと再三もとめていたが、ほんとうに彼女の肥満が失敗の原因だったのだろうか。そもそも初演が失敗だったのは事実なのだろうか。

遅れに遅れた台本制作と作曲

ヴェルディが《ラ・トラヴィアータ》の作曲についやした時間は比較的短い。事実上、作曲に取りかかったのは一八五三年の正月だが、一月十九日にはローマで《イル・トロヴァトーレ》の初演がひかえていた。その稽古や音楽面の詰めを急ぎながら同時に準備し、三月六日には初演にこぎつけたのだから、急ごしらえだったといえる。ただ、フェニーチェ劇場のカルロ・マリアーニ総裁がヴェルディに新作を依頼したのは、初演される一年以上前の一八五二年一月二十四日付の手紙だった。ヴェルディもそれに「光栄だ」と返し、五月四日には契約書に署名しているから、時間はあったはずだ。ちなみに附則には、すでに契約が結ばれていたサルヴィーニ・ドナテッリについて「役に適さないと判断された場合、一八五三年一月十五日までに申し出れば交換できる」と記されていた。

もっとも、契約は結んでもオペラの題材は未定だった。ヴェルディは八月十七日になってもまだ、台本作家のフランチェスコ・マリア・ピアーヴェ（一八一〇〜一八七六）に、

「良い題材、偉大な題材が見つかると確信しています」

と書き送っている。アレクサンドル・デュマ・フィス（一八二四〜一八九五）の小説『椿を持つ女 La Dame aux camélias』が候補に上がるのは九月になってからだ。十月初旬にフランスの出版社からその戯曲版を受けとると、ヴェルディは強く惹かれたのか、ピアーヴェに急ピッチで台本を書かせている。ただし内容は、ヒロインが高級娼婦で一八四〇年代が舞台の「現代劇」だ。当時はまだ上流階級が主役の歴史劇がオペラの中心を占めていたから、検閲当局との交渉は難航し、作曲に取りかかれなかった。ピアーヴェは十二月八日、タイトルを《愛と死 Amore e Morte》とした台本をマリアーニ総裁にとどけたが、そのタイトルは検閲をとおらず、《ラ・トラヴィアータ》にかえることになった。

その間、少しずつ作曲をはじめていたが台本の全体像がなかなか定まらない。やむなくヴェルディは、《リゴレット》などでこころみた音楽を大きな構造体としてとらえてから細部を書くという手法を断念し、アリアや重唱から書きすすめてレチタティーヴォと組みあわせた。また、「現代劇」として上演するというヴェルディの希望は受けいれられず、出演者は一七〇〇年代の衣装を着せられることになってしまった。ヴェルディはオペラの新しい方向性を打ちだしたかったが、作曲にも演出にも足かせをはめられたのである。

ヴェルディの悩みはまだあった。歌手である。バリトンのフェリーチェ・ヴァレージ、テノールの

ルドヴィーコ・グラツィアーニ（一八二〇〜一八八五）はいいが、サルヴィーニ・ドナテッリがどうにも気に入らない。当時の作曲家は劇場が用意した歌手の適性や能力にあわせて作曲するのがふつうだったのに対し、ヴェルディは作曲したのちに役柄にふさわしい歌手を要求した。ヒロイン役に決まっていたサルヴィーニ・ドナテッリは、フレーズを優雅に歌い、装飾歌唱のすぐれた技巧もあったと伝えられるが、歌唱スタイルは古風だったという。同時代を描いた革新的なオペラのヒロインが「古風」であるのが、ヴェルディには我慢ならなかったようだ。

しかし、先述したように、「一月十五日までに申し出れば交換でき」たのだが、《イル・トロヴァトーレ》の準備に忙殺され、期限をすぎてしまった。それでも一月末、マリアーニ総裁に、

「サルヴィーニ夫人には《ラ・トラヴィアータ》の役はどうしても歌わせられないといわずにいられません」

Fanny Salvini-Donatelli

と書き送っている。劇場もヴェルディが提案した歌手に接触をしてはみるが、予定が折りあわない。やむなく折れたヴェルディだったが、ピアーヴェはマリアーニ総裁に宛てた二月四日付の手紙で、

「サルヴィーニと仲間たちでいいでしょう。しかしオペラが上演されたあかつきには、なんら結果は期待できないどころか、完全な失敗に終わるといっておきましょう」

というヴェルディの言葉を伝えている。

ヴィオレッタは完璧に歌い絶賛されていた

さて、予定された二月二十六日に間にあわず、三月六日に延期された初演について、ヴェルディは「失敗した」と記したわけが、じっさいのところ、どんな様子だったのだろうか。三月七日付のガゼッタ・ディ・ヴェネツィア紙には、こう書かれている。

「サルヴィーニ・ドナテッリは、マエストロが彼女のために書いたアジリタのパッセージを、いいようもない熟練と完璧さで歌った。劇場中がうっとりとし、手紙を読む場面で喝采を浴びた」

「サルヴィーニ・ドナテッリが歌わない曲はいずれもフォームが崩れ、奈落に落ちた。ほかの歌手は、それぞれの技巧を披露する権利は認めても、だれも健全に歌えず、のどがたしかではない」

ヴェルディがしつこく変更をもとめたソプラノがひとり喝采を浴びたというのだ。ただし歌唱スタイルは古風で、容姿も落ちついていたという。思い入れのある同時代のヒロインが、想定していたイメージと異なるのを目の当たりにしたヴェルディが、あえて「失敗した」と訴えた。そう考えられないだろうか。じじつ、一夜で上演が打ち切られた《蝶々夫人》とちがい、《ラ・トラヴィアータ》は九回つづけて上演された。しかも、九回で終わったのは劇場の謝肉祭シーズンが終了したからにすぎない。一公演ごとの収益も、シーズンの平均が六〇〇〜七〇〇オーストリア・リラだったのに対し、《ラ・トラヴィアータ》は一四五〇リラを稼ぎだしている。ヴェルディは初演目前の二月、サルヴィーニ・ドナテッリが歌えば劇場は大損害をこうむると「予言」したが、みごとにはずれたのである。

　それでも頑固者のヴェルディは、納得できる歌手が集められるまで再演を禁じた。指揮者のマリアーニがヴェネツィアで歌った歌手たちによるジェノヴァでの再演を企画しても許さず、リコルディ社もピアノ譜の刊行をなかなか認めてもらえない。その後も一八五三年九月から翌年二月までに、再演を希望する話が少なくとも五つはあったというのに、いずれも話はまとまらなかったのだ。

　再演が実現したのは一八五四年三月、ヴェネツィアのサン・ベネデット劇場であった。ソプラノのマリア・スペーツィア（一八二六〜一九〇七）、バリトンのフィリッポ・コレッティ（一八一一〜一八九四）ら、ヴェルディが納得する歌手がそろえられ、だれもうたがいようのない勝利をおさめた。このときヴェルディは、コレッティの声域にあわせてジェルモンのパートの音域を下げたほかは、修正は最小限だと主張した。だがじっさいには、初演時に急ごしらえで納得がいかなかった少なからぬ部分に、大胆に手を入れていたのだ。このオペラの価値は当初から揺るぎないが、初演時は歌手たちの演奏水準が低いから失敗した——。ヴェルディは世間にそう思わせたかったのだろう。

　狡猾《こうかつ》だといったら、いいすぎだろうか。理想の上演が実現できなければ失敗したことにする。総譜を大幅に修正したくせに、それは隠して「この作品は最初からこんなに価値があったのに、歌手のせいで失敗した」と訴える。《ラ・トラヴィアータ》が不朽の名作になったのは、ヴェルディの戦略の勝利でもある。肥満と結びつけられて失敗の責任を負わされてしまったサルヴィーニ・ドナテッリは、気の毒としかいいようがないが。

10 「設定を現代に移したほうがリアリティをえられる」のウソ

かつては太った歌手が突っ立って歌っていると揶揄《やゆ》されることが多かったオペラの舞台も、いまはスタイルのよい男女が演劇的にきびきびと動きまわることが多い。それじたいはよいのだが、「時代劇」のはずなのに、登場人物はいま風の、または未来的なコスチュームに身をつつみ、ト書きと関連があるのかどうか不明のモダンな空間をあわただしく駆けまわったりするのだ。百年前、二百年前に初演されたオペラを当時のまま再現しても、現代人はリアリティを感じない、そこに「いま」が反映されなければ心を揺さぶられない、というのが、時代を現代に置きかえたり物語の設定を読みかえたりする演出家の主張だ。

しかし、そもそも、そのオペラが初演されたさい、その当時の「いま」が舞台に映しだされていたとはかぎらない。むしろ「いま」を映さないように工夫が凝らされていたことも多かったのである。

そんな例はヴェルディの作品にも少なくない。日本では《椿姫》と呼ばれることが多い《ラ・トラヴィアータ》は、「時代劇」が得意なヴェルディにはめずらしく「現代」を描いた台本に作曲された。ところが初演では、歌手たちが一七〇〇年代の衣装を着せられるなど、わざわざ意図して古めかしく演出された。タイトルも原作の『椿を持つ女』や、ヴェルディと台本作家のピアーヴェが提案した《愛と死》は却下され、あえて聴衆の共感がえられにくそうな「道を外れた女」という意味の《ラ・

トラヴィアータ》がえらばれた。

余談だが、《ラ・トラヴィアータ》というタイトルがつけられた背景には右のような歴史的経緯があるのに、日本ではそれを《椿姫》と呼びつづけることには違和感をおぼえるのだが。しかし、ここでは話を前に進めよう。

《リゴレット》も好色で自分本位の君主が君臨する舞台を、十六世紀のフランス国王、フランソワ一世（一四九四〜一五四七）の王宮というリアルな設定にすることが認められず、北イタリアの都市マントヴァの公爵宮殿に場面が移され、しかも公爵にはゴンザーガという実在の姓を名づけることが許されなかった。今日の演出家の逆張りで、オペラに描かれた世界に聴衆がリアリティを感じないように手がつくされたのである。

もうひとつ余談だが、だから《リゴレット》に登場する公爵は、たんにマントヴァという町の公爵という意味で「マントヴァ公爵 Duca di Mantova」と呼ばれる。この役を「マントヴァ」と呼ぶ人がいるが、彼の名がマントヴァなのではない。省略するなら「公爵」と呼ぶべきなのだ。閑話休題。

オペラがこのように導かれた背景には、検閲の存在があった。私たちが楽しんでいるオペラの多くは、厳しい検閲をかいくぐったか、台本作家や作曲家があらかじめ検閲をとおりやすいように配慮したか、そのどちらかだ。一八五〇年代まで他国に分割統治されていたイタリア半島では、支配する側は舞台上のできごとに聴衆が刺激され、反体制意識をもつのをおそれていたのである。

検閲に翻弄された《仮面舞踏会》

そうした状況を理解するためには、検閲に翻弄されたヴェルディの《仮面舞踏会》が格好の題材である。ヴェルディが台本作家アントーニオ・ソンマ（一八〇九〜一八六四）に宛てた、一八五八年二月七日付の手紙の一部を引用する。

「親愛なるソンマ、本当に困った状況です。検閲はわれわれの台本をなんとしても禁止するつもりらしい。……次のような変更を（これでも寛大だそうです）提案してきました。

一．主人公を国王にするのはやめて、ただの領主に変える。二．妻を妹に変える。三．魔女の場面を変え、それが信じられていた時代に移す。四．舞踏会の場面はなくす。五．殺人は舞台裏でおこなう。六．くじ引きで暗殺者を決める場面は削除する。

ほかにもまだまだあります!! ……あなたにもわかるはずですが、こんな変更はとても受け入れられません」

《仮面舞踏会》は十八世紀末に、スウェーデン国王グスタフ三世（一七四六〜一七九二）が暗殺された実話を題材にしている。一八五七年十一月に《グスターヴォ三世 Gustavo III》として台本が完成し、ヴェルディは翌年一月初旬には作曲をほぼ終えた。しかし、初演が予定されていたサン・カルロ劇場があるナポリの検閲当局は、実在した国王の暗殺という設定が物騒すぎるとして、変更するようにもとめたのだ。ヴェルディは描かれた状況の生々しさをやわらげることを検討し、時代を十六世紀のポーランドに移して、題名も《ドミノの復讐 Una vendetta in domino》にあらためた。

《仮面舞踏会》が初演されたころのサン・カルロ劇場

ところがタイミング悪く、一月十四日にパリで、イタリア独立をめざす男がナポレオン三世の暗殺未遂事件を起こしたものだから、検閲当局はいっそう神経をとがらせることになった。その結果、二月十七日に当局から返却された台本は、八百八十四の詩句のうち二百九十七が変更されたうえ、舞台は十四世紀フィレンツェのグェルフィ（教皇派）とギベッリーニ（皇帝派）の争いに置きかえられ、題名も《アディマーリのアデーリア Adelia degli Adimari》に変えられてしまっていた。

一八四九年に作られたナポリの「検閲実施要綱」によれば、当時はつぎのような内容に物いいがついたようだ。

「宗教、政治、道徳の直接的な批判。神の存在をうたがうこと。神や聖人の名の濫用《らんよう》。王家の名をけがすこと、王権の正当性や政府の施策への批判。公序良俗に反することで喝采をえること。内縁関係や不倫を肯定する内容。正統性のない身体的障害の表現。決闘の擁護……」

さらには「作品の本質に問題があれば、登場人物の名前や設定を変えてもともとの筋を隠しても、上演は認められない」と明記されていた。

ただし、どの都市でも同様に厳しかったわけではない。ナポリが属していた両シチリア王国はスペイン系ブルボン家が支配し、検閲の姿勢が厳格なことで知られたが、当時のイタリアでは、オペラは都市経済をささえる基幹産業のひとつだったから、当局としては修正をもとめながらも、上演にこぎつけたいのが本音だったのである。

「いま」の反映よりも「音楽の力」

ナポリでの上演をあきらめざるをえなくなったヴェルディは、検閲基準がゆるいといわれたローマと交渉することにした。《ドミノの復讐》にあらためる前の《グスターヴォ三世》の台本を提出すると、細かな修正要求が出されたものの、筋が大きく変わるまでにはいたらなかった。ローマの検閲当局の最大の要求は、作品の舞台をヨーロッパの外に移すことだった。ヴェルディはソンマに、イギリス植民地時代の北米かコーカサス地方という条件を出し、主人公を十七世紀末の植民地時代のボストンの伯爵とすることで落ちついた。題名もここで《仮面舞踏会》になり、九月に検閲に提出されると一カ月後に通過した。

ただし、ボストンの町に貴族制度があって伯爵がいたという史実はない。いかにもヨーロッパの貴族社会然とした設定は北米社会のリアリティとかけはなれているため、ソンマも当初、台本に署名することを拒んだという。ともあれ一八五九年二月十七日、ようやくローマのアポッロ劇場で初演されると、熱狂的な成功をおさめたのである。

近年では検閲前の原案どおり、設定をスウェーデン国王暗殺にもどす演出も多い。ところが、そ

19世紀中ごろに描かれたローマのアポッロ劇場内部

うするとまたべつの矛盾が生じる。舞台をボストンに移すにあたって変更された台詞までもとに戻さないと「リアリティ」が失われてしまうのだ。リッカルドをグスターヴォに、il conte（伯爵）をil re（王）に、l'Inghirterra（英国）をla sua patria（彼の故郷）に修正するくらいならいいものの、もとに戻すと長くなって音符が足りなくなる言葉は、そのままにせざるをえない。

いずれにしても、今日の劇場でレパートリーになっているオペラは初演当時、かならずしもリアリティが感じられる設定で上演されたわけではなかったのである。それでも今日まで人気をたもっているのは、オペラにこめられた音楽の力、普遍的な真理の力のおかげだろう。とくにヴェルディのオペラは音楽じたいが時代めいている。モダンすぎる設定や未来的な舞台を見せられると、『水戸黄門』の主題歌が六本木ヒルズに流れるように聴こえてしまうのは、私だけだろうか。

11 スペクタクルの代名詞《アイーダ》は室内楽的なオペラだった

イタリア・オペラの音楽で最も有名なものはなにか。第一位はヴェルディの《アイーダ》第二幕の、いわゆる「凱旋《がいせん》行進曲」ではないだろうか。トランペットの力強いモティーフにはじまって大合唱が爆発するように響きわたるこの曲は、サッカーの応援歌に使われ、テレビCMにも採用され、聴いたことがない人はあまりいないはずだ。この曲のイメージからも、《アイーダ》はスペクタキュラーなオペラの代表格とみなされている。

じっさい、将軍ラダメスが軍勢をひきいてエジプトに凱旋するこの場面は、大行進曲にあわせて華やかな行列がつづき、そこにバレエも組みこまれ、耳にも目にも華麗だ。だからアレーナ・ディ・ヴェローナの看板演目でもある。紀元一世紀に建造されたこのローマ帝国時代の円形闘技場遺跡では、百年以上前から毎夏、野外オペラが上演されていて、収容人員が一万人を超える古代遺跡の大舞台で繰り広げられる凱旋の大行進は、演出にもよるが壮観である。

しかし、凱旋の場に象徴される視覚上の華やかさに目を奪われていると、《アイーダ》のほんとうの美しさは見えてこない。イタリア・オペラの世界は逆説的で、一筋縄にはことはおさまらないのだ。

ここで《アイーダ》のあらすじを簡単におさらいしておきたい。

舞台は古代エジプト。将軍ラダメスはエジプトと対立するエチオピア人の奴隷アイーダと相思相愛の仲だが、エジプトの王女アムネリスもラダメスを熱愛しており、三角関係が生じている。

ラダメスはエチオピア軍に勝利して凱旋するが、引きつれてきた捕虜のなかにアイーダの父がいた。ラダメスはその赦免《しゃめん》を国王にもとめて認められるが、アイーダの父こそエチオピア王のアモナズロだった。釈放されたアモナズロは娘に、ラダメスから軍事機密を聞きだすように命じ、それを恋人にしゃべってしまったラダメスはとらえられる。アムネリスはラダメスに「自分を愛してくれるなら助ける」と提案するが、アイーダを愛するラダメスは拒否。生きたまま地下牢に閉じこめられてしまう。ところが閉ざされた地下にアイーダが。彼女は石の蓋が閉められる前にひそんでいたのだ。こうしてだれにも気づかれない地下牢のなかで、ふたりは永遠に結ばれる……。

どうだろう。あらためてあらすじを確認すると、このオペラの核心が、表面の壮麗さとは異なる、静かな悲劇のなかにあるように思えてこないだろうか。

悲劇的な前奏曲が《アイーダ》の本質を語っていた

トリノ王立劇場は二〇一五～一六年のシーズン開幕を《アイーダ》で飾った。その初日である十月十四日に現地で鑑賞したが、音楽監督ジャナンドレア・ノセダ（一九六四～）が指揮し、アメリカの映画監督ウィリアム・フリードキン（一九三五～）が演出したこの《アイーダ》には、一部の歌手のできをのぞけば作品の本質が凝縮されていた。

まず前奏曲のテンポが極端におそい。ヴァイオリン、そしてチェロのピアニッシモではじまる短く優美なこの曲が、とても悲劇的な色彩をおびている。秘めた愛に悩むラダメスとアイーダがあらわれ、弦と管がからみあってフォルティッシモのクライマックスをつくったところで二人は熱く抱擁し、ふたたびピアニッシモになると名残惜しげに離れる。それは《アイーダ》の核心を暗示しているかのようであった。

写実的で壮麗な装置のもと、一般に力強く描かれることが多いラダメスに剛毅《ごうき》さが感じられない。終始、アイーダへの愛に心を揺らしているようだ。ラダメス役のテノール、マルコ・ベルティ（一九六二〜）は第一幕冒頭のロマンツァ「清きアイーダ Celeste Aida」から、声を張るよりも微妙な恋愛感情を描こうとつとめていた。じつは、ヴェルディはこの曲をデリケートに歌うようにもとめており、結尾には ***pp***（ピアニッシモ）や「モレンド ***morendo***」（死ぬように。消え入るように、とも）といった指示まである。ほんらい威勢のよい曲ではないのだ。

ラダメスがエジプト軍の司令官に任命される場面では、ノセダは行進曲のリズムに乗せて速いテンポで一気呵成《かせい》にクライマックスをつくり、つづくアイーダのシェーナ「勝ちて帰れ！ Ritorna vincitor!」では、最愛の人が故国とたたかう軍の司令官になった板ばさみの苦しみを、ソプラノのクリスティン・ルイス（一九八五〜）に、しぼりあげるようなピアニッシモで表現させた。

第二幕に入り、アムネリスを歌うジョージア出身のメッゾソプラノ、アニタ・ラチヴェリシュヴィリ（一九八四〜）とアイーダとの激しい応酬は緊迫感をもって進み、一気に第二幕の大フィナーレである凱旋の場に入っていった。

悲劇の静謐さを強調するための輝かしい凱旋

　華々しい凱旋は、極端なほど前奏曲と対照的に表現されたが、じつは輝かしいファンファーレの裏で、恋人たちの悩みはなにも解決していない。三角関係は解消せず、釈放されたアモナズロの思惑も加わり、事情はいっそう複雑で深刻になっている。ノセダは表むきの輝かしさの裏で、矛盾をかかえて煩悶《はんもん》する人々の心模様を浮かびあがらせながら、凱旋という「山頂」から一気に下っていく。

　第三幕でラダメスは捕えられ、第四幕が、嫉妬のあまりラダメスをとらわれの身に追いこんでしまったアムネリスの悔恨、そして神官たちの裁判へと進むにつれ、音楽は動と静が入りくんで緊張感を増していく。そのあたりを、陰影をつけてダイナミックに描くのはノセダの真骨頂だ。

トリノ王立劇場の《アイーダ》第２幕の凱旋の場（上）、第４幕の地下牢のなかでのアイーダとラダメス
©Teatro Regio Torino / Ramella & Giannese

ラダメスの死刑が確定すると管弦楽をアッチェレランドさせ、アムネリスの悔恨の情を一気にあおる。

そしてフィナーレ。地下牢で再会した恋人たちの声がしだいにユニゾンで重なり、アムネリスの祈りとからんでピアニッシモで終わるのだが、前奏曲も、このフィナーレも、ノセダはいわば室内楽的に音楽をつくっていた。そうなのだ。閉じられた地下牢のなかでの静謐《せいひつ》な時間。捧げられた静かな祈り。それがヴェルディの意図した《アイーダ》の核心だったはずだ。登場人物の思いも悩みもそこに収斂《しゅうれん》する。トリノの《アイーダ》はそう訴えかけてきた。ならば壮麗な凱旋の場は、悲劇の静けさを強調するための装置であったと考えられないだろうか。強い日差しの下で影がいっそう濃さを増すように。

派手なスペクタクルに誘われて鑑賞し、スペクタクルとしても楽しめたけれども、それ以上に、正反対の静かな世界に心を打たれた——。そんなふうに、どんな楽しみ方も許容してくれるのが《アイーダ》の、そしてイタリア・オペラの懐《ふところ》の深さである。

12 米軍人の「慰安婦」だった蝶々さんはプッチーニの理想の女性

新国立劇場で最も多く上演されたオペラだという事実からもわかるように、プッチーニの《蝶々夫人》は日本人に高い人気を誇っている。舞台が日本で日本人女性がヒロインなのだから当然といえば当然だが、冷静にながめれば、日本女性が軽薄なアメリカの男に凌辱《りょうじょく》されるオペラである。海軍士官のベンジャミン・フランクリン・ピンカートンは、長崎に滞在するあいだのいわば「慰安婦」として蝶々さんを「買った」だけだが、十五歳のいたいけな少女に、あたかも真実の結婚であるかのようにいいつくろい、素直に信じた娘は破滅に追いやられる。「最低」を絵に描いたような男なのだ。

あらためてあらすじを簡単にたどってみれば、それは一目瞭然である。

蝶々さんはピンカートンの「妻」として生きる決心をしてキリスト教に改宗し、親族から縁を切られてしまうが、アメリカ人の「妻」であることに誇りと生きる道を見いだし、帰国した「夫」がもどるのをけなげに待つ。ところが、彼女は「現地妻」にすぎなかった。その現実を突きつけられると生きるすべを失い、自殺するほかなくなる。

蝶々さんの人権などあったものではないが、ピンカートンがこうも下劣にふるまう前提には、日米間の圧倒的な力の差があった。オペラのなかで、ピンカートンが長崎にやってきたのは一八九五年ごろとされている。ちなみに、原作であるアメリカの小説家ジョン・ルーサー・ロング（一八六一

〜一九二七）の短編小説が「センチュリー・マガジン」誌に連載されたのが一八九七年で、それをもとにアメリカの劇作家デイヴィッド・ベラスコ（一八五三〜一九三一）が戯曲を書き、初演されたのが一九〇〇年。オペラがミラノのスカラ座で初演されたのが一九〇四年二月十七日。少しさかのぼれば、フランスの海軍士官で小説家のピエール・ロティ（一八五〇〜一九二三）が書き、ロングの小説に影響を与えたといわれる体験的小説『お菊さん』が発表されたのが一八八七年だった。

当時、富国強兵をめざす明治政府は、一八九五年に日清戦争に勝利したものの、欧米諸国とのあいだでは旧幕府が結んだ不平等条約の改正に向けて交渉の真っ最中で、一八九四年、陸奥《むつ》宗光外相（一八四四〜九七）が相互対等の最恵国待遇を勝ちとったものの、小村寿太郎外相（一八五五〜一九一一）のもとで関税自主権が回復された一九一一年にはまだいたっていない。そんな時期であった。

いずれにせよ、アメリカ人にこうも傍若無人にふるまわれてしまうことに、いら立ちやくやしさを覚える人も多いと思う。仮にこのオペラの舞台がお隣の国だったとしたら、かの国では「国辱だ」「女性蔑視だ」と騒ぎたて、オペラそのものをお蔵入りにするようにもとめたのではないか、という気さえする。その点、日本人はよくも悪くも寛容である。

雑誌発表の翌年（1898）に出版された短編小説『蝶々夫人』

だが、じつをいえば、《蝶々夫人》に描かれた日本と日本人を蔑視する視線は、当初にくらべればこれでもずいぶん薄められているのだ。

政治性を薄めたかった

《蝶々夫人》には大きく分けて四つのエディションがある。最初のものはミラノのスカラ座における初演版だ。これが空前の大失敗を喫すると公演は一日で打ち切られ、プッチーニと音楽出版のリコルディ社の社主で《蝶々夫人》の事実上のプロデューサーだったジューリオ・リコルディ（一八四〇～一九一二）は総譜を引きあげてしまった。

この失敗はリコルディのライヴァルで、当時劣勢に立たされていたエドアルド・ソンツォーニョ（一八三六～一九二〇）の工作が原因だとされるが、ともかくプッチーニは第一幕を圧縮し、第二幕を二つの場面に分けてテノールのロマンツァ（アリア）を追加するなどし、同じ年の五月二十八日、ブレーシャのグランデ劇場で上演して、こんどは圧倒的な勝利をおさめた。これが第二版だ。

つづいて一九〇五年七月十日、ロンドンのロイヤル・オペラで上演するにあたってさらにカットをほどこしたのが第三版で、一九〇六年十二月二十六日、パリのオペラ・コミック座で上演したものが第四版。パリ初演にあたっては、日本や日本人を侮蔑的に描いた表現が大幅に削られ、ピンカートンの非礼な発言も薄められ、彼がアメリカで結婚した妻ケイトと蝶々さんとの対話もカットされた。われわれが日ごろ接する《蝶々夫人》は、基本的にこの第四版である。

パリで人種差別的な要素が薄められたのは、コミック座の支配人であったアルベール・カレ（一八五二

～一九三八）の提案が直接のきっかけだった。リコルディは提案に反対したもののプッチーニは受け入れた。それはこんな背景があってのことだった。

一九〇〇年六月、《トスカ Tosca》（一九〇〇年初演）をロイヤル・オペラ・ハウスで初演するためロンドンに滞在していたプッチーニは、ヨーク公劇場でベラスコの『蝶々夫人』を観劇し、英語をまったく解しないにもかかわらずいたく感銘を受け、終演後、ベラスコの楽屋に飛びこんでオペラ化したいと懇願したという。ベラスコの戯曲は蝶々さんがすでにピンカートンとの子供を産み、事実上見捨てられているところからはじまり、物語は悲劇的な最後にいたるまですべて蝶々さんの家のなかで展開する。

ところが、台本作家のルイージ・イッリカ（一八五七～一九一九）とジュゼッペ・ジャコーザ（一八四七～一九〇六）のチームはベラスコの戯曲を一九〇一年六月まで受けとることができず、台本制作に取りかかった同年三月の時点では、プッチーニが読んでいないロングの小説にもとづいて物語を構成するほかなかった。作曲家と台本作家のあいだに、『蝶々夫人』というおなじテーマをめぐって認識のずれがあったのだ。また日本人を描写するさいのディテールは、ロティの『お菊さん』を下敷きにし、いちいち動物や昆虫にたとえて侮蔑的に表現していた。台本は蝶々さんの家、領事館、ふたたび蝶々

Giacomo Puccini (1905)

さんの家で物語が展開するかたちで書きすすめられ、プッチーニも同時に曲づくりをすすめていたが、一九〇二年九月、作曲家は突然、領事館の場をすべてカットするといいだしたのだ。

領事館の場には、「現地妻」をもとめるアメリカ人が何人か連れてこられたり、蝶々さんに会いたくないピンカートンが手切れ金をシャープレスに渡したり、そこにたずねてきた蝶々さんがケイトに会って侮蔑されたりする場面があった。つまり東西の力関係、それも強者たる西洋と弱者たる日本との関係が顕著に描かれていた。それは台本作家たちがこだわった場面でもあったが、プッチーニはそうした二次的な視点が加わることで、蝶々さんの人間悲劇の焦点がぼけるのをきらったようだ。

たしかに、プッチーニが観たベラスコの戯曲に領事館の場はない。もちろん蝶々さんの悲劇は東西の力のちがいを背景に起きたことだが、プッチーニが心を打たれたのはあくまでも蝶々さんという少女個人の悲劇であって、政治的な背景には関心がないどころか、むしろ悲劇への集中をさまたげるとさえ考えていたふしがある。そうであれば領事館の場をカットさせたことにも、頑固なプッチーニがパリ初演にさいしてコミック座支配人の提案に素直にしたがったことにも、説明がつくのである。

愛や情熱こそがモラル

プッチーニに政治的な関心がなかったことの裏づけとして、第一幕の二つの場面をあげてみたい。まずは蝶々さんが登場するところだ。ピンカートンとの「婚礼」の日、彼女はお供の友人たちに囲まれ、「新郎」たちが待つ丘の上をめざして坂道をのぼってくる。その際、友人たちのささやきがさざなみのように響いたあと、蝶々さんはまず声だけが聞こえ、おくれて姿をあらわす。プッチーニのオペラにはほかにもそんな場面があった。《ラ・ボエーム》では、若い詩人のロドルフォがパリの屋根裏部屋にひとり残っていると、まずドアをノックする音と女の人の声が聞こえ、お針子のミミが登場する。《トスカ》では、カヴァラドッシが教会で絵を描いていると、彼を呼ぶ声が聞こえ、つづいてトスカが入ってくる。このようにドラマが少し進んでから、声につづいて姿をあらわすというもったいぶった登場のさせ方は、プッチーニのヒロインに対するただならぬ思い入れの反映であろう。

二つめは、幕の終わりで歌われる愛の二重唱が叙情的かつ甘美であること。どう聴いても描かれているのは美しい純愛で、自分本位のエロ男と慰安婦の刹那的な擬似恋愛などはみじんも想起されない。これもプッチーニお得意の手法だ。《ラ・ボエーム》のロドルフォとミミの出逢いも甘美で情熱的な音楽に彩られ、聴き手は二人が恋に落ちたのがとても自然であるかのように感じるが、出逢ってわずか十五分ほどで本気で愛しあうなど、冷静に考えれば正常ではない。《マノン・レスコー Manon Lescaut》（一八九三年初演）でも、魔性の女の代名詞であったはずのマノンが、プッチーニの音楽を聴いていると、愛に生きるけなげな少女のように感じられる。

プッチーニは女性を、現実の諸相で煩悶《はんもん》する近代的な個人としてではなく、個人的な愛のために生きるロマンティックな存在として描こうとした。《蝶々夫人》の背景である明治時代の日米の外交的な力関係も、プッチーニにとっては可憐な少女の悲劇を描く舞台装置にすぎなかった。関心はあくまでも愛に生きた少女の悲劇にあったと考えられるのだ。

ヴェルディのオペラのヒロインはちがう。《ラ・トラヴィアータ》のヴィオレッタは、高級娼婦だった自分の存在が、恋人の妹の縁談を進めるうえで支障になっていいのかと悩み、愛をすてる決心をする。《ドン・カルロ》のエリザベッタは、かつて婚約者であったカルロへの気持ちと国王の妃としての義務とのあいだでもがき苦しむし、エボリ公女もじしんの嫉妬の代償としてカルロが窮地におちいると、彼を救う決意をする。いずれも義務や責任をまっとうすべく積極的に決断をくだす。

一方、プッチーニのヒロインたちの行動規範はひたすら愛のみにある。蝶々さんの場合、「ピンカートンの妻である」という誇りが失われた倫理的喪失感が、死をえらぶ動機になってはいる。それでもプッチーニは悲劇の背景をなるべく単純化し、純粋に愛に殉じたように見せようとした。そこに社会性をおびたモラルはなく、愛や情熱こそがモラルである。身勝手なピンカートンに翻弄されながらも健気に信じつづけるという女性像こそが、プッチーニの理想だったと考えられる。するとプッチーニも、ピンカートンのように男性本位だったということか。

第2章

Chapter Two

イタリア・オペラの歴史を疑え！

1 装飾過多なのに「バロック・オペラ」がモダンに聴こえる理由

「バロック」という語になにを思い浮かべるだろうか。語源は真珠や宝石などのいびつさをあらわすポルトガル語「バロッコ barocco」だという。十七世紀の建築作品が古典的な端正さを失って「いびつ」なかたちをしていると揶揄《やゆ》されたことに由来する呼び名で、十六世紀末から十八世紀前半ごろまでの、主として美術や建築の様式をあらわす語として使われるようになったものだ。たしかに、そのころの美術や建築は「いびつ」なかたちをしているように見えるが、では、どうして「いびつ」になったのだろうか。

一例を挙げると、二〇一五年三月から五月にかけて上野の国立西洋美術館で「グエルチーノ展」が開催された。グエルチーノ（一五九一〜一六六六）は十七世紀におもにボローニャで活躍した、バロック期のイタリアを代表する画家のひとりで、聖書の物語や聖人たちのエピソードを、現代の劇画を思わせるドラマティックな色彩と構図で描いた。当時、宗教改革のムーヴメントに押され気味だったカトリック教会にとって勢力の挽回は急務だった。そこで、文字を読めるのは一部にかぎられていた信者に向けて写実的でわかりやすく、劇的な絵画を提供することにし、グエルチーノら画家はそれにこたえた。その大げさな表現が後世、「いびつ」だと認識されたのである。

もちろん、当時の美術作品には種々のスタイルがあり、バロックという語で十把《じっぱ》一絡《ひとから》げにはできないものの、程度の差こそあれ表現が大げさでくどい点は共通している。音楽にたとえるなら、むしろロマン派の大きなうねりと相つうじるように見える。あるいは、くどくしつこいという点で日本の演歌との親和性も感じられないではない。

ロマン派音楽よりロックに近い

では、「バロック」という語を音楽に冠するとどうなるだろうか。十七世紀から十八世紀半ばごろまでの音楽は「バロック音楽」、同じ時期のオペラは「バロック・オペラ」と呼ばれるが、それを聴いたときにイメージされる絵画的世界は、大げさな身ぶりや手ぶりによって誇張されたバロック絵画とはほど遠い。むしろ線描によって対象の動きを鋭くとらえたエドガー・ドガ（一八三四〜一九一七）の近代的な絵のほうが、よほど近く感じられる。

そんな感想をあらためて抱いたのは二〇一五年二月、神奈川県立音楽堂の六十周年を記念して上演されたアントーニオ・ヴィヴァルディ（一六七八〜一七四一）のオペラ《メッセーニアの神託 L'Oracolo in Messenia》を聴いたときだった。これは《四季》で有名なヴェネツィア出身のヴィヴァルディが晩年の一七四〇年ごろ、自分の楽曲にほかの作曲家の楽曲も組みあわせてひとつのオペラに仕あげた、「パスティッチョ」と呼ばれるスタイルのバロック・オペラである。楽譜は失われていたが、古楽器専門のオーケストラ「エウローパ・ガランテ」の音楽監督でヴァイオリニストでもあるファビオ・ビオンディ（一九六一〜）が再現したのだ。

ちなみに、ヴィヴァルディの時代、オペラは再演されることが少ない「消耗品」だったうえに著作権

グエルチーノ
『聖ペトロニラの埋葬』（1623）

エドガー・ドガ
『エトワール』（1878 頃）

も存在しなかったため、「パスティッチョ」という手法は素早く作曲するためにも、聴衆受けがいいアリアばかりを集めてさらなる受けをねらうためにも、ふつうに認められていた。

ビオンディが当時の慣習にならってヴァイオリンの弾き振りをしたエウローパ・ガランテの演奏は、躍動感とリズム感にあふれ、ロマン派音楽よりはむしろロックに近く感じられた。そして七人の歌手が次々とアリアを歌うさまは、さながら歌合戦で、ロシア出身の若手のソプラノ、ユリア・レージネヴァ（一九八九〜）がアクロバティックなまでのコロラトゥーラを軽々と表現したのが圧巻だった。演奏の全体像についてひとことでいうなら、それはひじょうにモダンであった。

そもそもバロック・オペラは一般に、いくつものアリアを並べてレチタティーヴォで結んだものだから、いきおい歌合戦の様相を呈する。典型的なアリアはダ・カーポとよばれるA—B—Aの形式で書かれ、歌手はA、Bの順で歌ったのち、Aを繰りかえすさい、即興的に装飾をほどこすのがならわしだった。バロック時代の歌手の花形といえば、少年が声変わりする前に去勢して男性の声帯と女性なみの高声を両立させたカストラートであった。彼らが技巧を凝らした装飾を競いあうなかで、「ベルカント」と呼ばれる歌唱様式が発展したのだ。

こうした演奏にバロック絵画との共通点がないかというと、そんなことはない。《メッセーニアの神託》も速度や強弱、音色などの変化のつけ方に、グエルチーノらによる誇張された表現との共通点が見いだせるし、歌手たちが即興的に装飾する目的も、抽象的であるとはいえ感情をあらわすことであって、同時代の絵画との近似性が認められる。

響きすぎない楽器の鋭い音でリズムがきわだつ

それなのになぜ、バロック・オペラはモダンに感じられるのか。

原因のひとつは楽器である。バロック時代にもちいられていた古楽器は、ヴァイオリンならモダン楽器にくらべてネックが短く角度もまっすぐで、弦には羊の腸などでつくった「ガット弦」が使われている。ホルンならバルブもピストンもなく自然倍音音列だけで演奏される。いずれの楽器も音量こそ小さいが、モダン楽器のように響きすぎることがないため、音が鋭く発せられてリズムがきわだち、音楽の縦と横の模様が明確に描かれる。すなわち速度や強弱が激しく対比されるところなど、音楽の構造じたいには同時代の美術や建築との共通点があるのだが、それでいてソリッドで弾むような音が発せられるため、肉厚なバロック絵画よりもむしろドガが想起されたり、ロックが思い出されたりするのだ。

もうひとつの原因は歌手である。ロマン派オペラにくらべ、バロック時代のオペラは歌手の過剰なまでの技巧に頼っている。だが、技巧的に歌えば歌うほど感情の表出は制限される。感情をむき出しにしたら、めくるめくコロラトゥーラなど十全に表現することは不可能だ。一方、ロマン派以降の歌唱は装飾が消えた半面、歌手は感情を直接的に表現するようになり、歌唱がおおげさで、そのうえねばっこくなった。

バロック音楽がことさらに現代人の心をつかむ理由のひとつは、そのモダンさにあると思う。しかし、モダニズムが過去の装飾を意識的に排除するところに成立したことを考えると、装飾過多のバロック音楽のほうが、それ以後の音楽よりもモダンで端正に聴こえるというのは、ユニークな逆説というほかない。

こうした感覚は、たとえばヘンデルのオペラを聴いても味わうことができる。二〇一七年八月二十八日、ザルツブルク音楽祭でヘンデルが作曲した《アリオダンテ Ariodante》(一七三五年初演)を鑑賞した。ミラノ出身のジャンルーカ・カプアーノが指揮する古楽器オーケストラ「レ・ミュジシャン・デュ・プリンス」が奏でるのは、やはり響きの抑えられた鋭い音だった。強弱や緩急の幅を大きくとりながらドラマを推しすすめたが、不思議なことに、その音はむしろエレクトリック・ギターなどの響きに近く聴こえる。そこにタイトルロールを歌うメッゾソプラノ、チェチーリア・バルトリ(一九六六〜)の変幻自在のアジリタがからむのだが、ロマンティックな歌唱表現にくらべてはるかに複雑に声を動かしているのに、むしろシンプルでシャープに聴こえるのである。

ザルツブルク 音楽祭(2017)《アリオダンテ》におけるバルトリ
© Monika Rittershaus

ちなみに、アリオダンテ役を初演で歌ったのはカストラートのジョヴァンニ・カレスティーニ(一七〇四〜一七六〇)だった。

男性の役を女声に近い声をもつ男性歌手が初演し、いま女性歌手のバルトリが歌う。このように性の境界があいまいな点でも、バロック・オペラは逆説的な世界だといえるだろう。クリストフ・ロイ(一九六二〜)の演出では、当初、アリオダンテは男性の服を着てひげも生やしているが、ドラマが進むとともに服が女性のものになり、最後はひげもなくなった。

ところで、ドイツで生まれイギリスで活躍したヘンデルの作品がイタリア・オペラか、と疑問をいだく人もいるだろう。しかし、バロック時代のオペラは、その多くがイタリア語で書かれたイタリア・オペラだった。《アリオダンテ》も、一七二四年に初演されたヘンデルの代表作《エジプトのジューリオ・チェーザレ Giulio Cesare in Egitto》も、ともに初演の地はイギリスだが、そこで歌ったのはほとんどがイタリア人歌手だったのである。

2 言葉と音楽が乖離したロッシーニ《ランスへの旅》の価値

オペラを語るとき、よく「言葉と音楽の一体化」がテーマになる。各時代の作曲家はそれぞれに台本の言葉と音楽をより深く結びつけようとこころざし、その結果、ワーグナーの楽劇やヴェルディ《オテッロ Otello》（一八八七年初演）のように、言葉の運動体のような音楽が書かれるようになったのだ、そんなオペラこそすぐれているのだ——。たいていはそんな結論に達する。

こうした価値観を前提に評価すると、日本でもときおり上演される（最近では二〇一五年七月に藤原歌劇団が上演）ロッシーニの《ランスへの旅》は、次元の低いオペラだという烙印《らくいん》を押されそうだ。なにしろ筋書きは、ホテルに各国の紳士や淑女が集まって国王の戴冠式に行こうとしたが、馬が調達できず行けなかったという、それじたいとしてはほとんど無意味なものだ。また名士たちのあいだの「好いた、惚れた」も他愛のないレヴェル。そのうえ、ロッシーニは台本上の一語一語の意味やアクセントを無視するかのように作曲し、言葉と無関係な次元で音楽が形づくられている。

それなのに、そんなオペラに聴き手が心奪われるのはなぜだろう。堕落しているからだろうか。

言葉と音楽を一体化させたくなかった

ロッシーニは《ランスへの旅》を腕によりをかけて作曲した。というのも、フランス王家から「国王シャルル十世の戴冠を祝うための作品を」と頼まれて書いたのがこのオペラなのだ。作曲家としてこれ以上の腕の見せどころはない。そこでロッシーニが採用したのが、パリで活躍するイタリア人とフランス人の名歌手十八人が、ガラ・コンサートのように入れかわり立ちかわり歌うスタイルだった。

『シャルル10世の戴冠式』（フランソワ・ジュラール画、1829）

当時のパリには世界最高峰の歌手たちが集まっていた。ひとりの歌手の持ち場は数分から十数分で、与えられたのは難曲ばかりだが、おのおのの歌手の声の特徴をふまえ、一人ひとりが最大限にパフォーマンスを発揮できるように配慮されていた。

なんだ、筋書きはないに等しく、歌手たちが次々とアリアを歌うだけか、という声が聴こえてきそうだが、そのとおりなのだ。さらにいえば、《ランスへの旅》は一八二五年六月十九日にパリの王立イタリア劇場で初演されたほかは、たった四回の上演ののちにロッシーニは楽譜を封印してしまった。そして音楽の多くを《オリー伯爵》という、筋書きからなにから関連性がないオペラに転用した。しかも、台本は《ランスへの旅》がイタリア語なのに《オリー伯爵》はフランス語。言葉と音楽の「一体化」ならぬ「乖離《かいり》」ここにきわまれり、という状況だったのである。

ところで、《ランスへの旅》の自筆譜は行方不明になっていたが、《オリー伯爵》に再利用された部分をのぞいて一九七〇年代にローマで見つかった。その結果、一九八四年に百五十九年ぶりの復活上演がクラウディオ・アッバード（一九三三～二〇一四）の指揮で実現し、この作曲家のオペラの数々が世界じゅうで上演されるきっかけのひとつになったのだ。

「言葉と音楽の一体化」は、たしかに多くの作曲家がめざしたことだ。しかし、そこに向けて音楽が発展したという「進歩史観」にとらわれると、たいせつなものを見のがしかねない。というのも、ロッシーニは言葉と音楽を一体化させられなかったのではなく、一体化させたくなかったのである。《ランスへの旅》は旋律に種々の装飾がほどこされ、同じ旋律を繰りかえすさいは変奏される。すると旋律は理想的に律動しはじめ、聴き手の心を動かす。一つひとつの単語の意味を音に反映させようとすると、ときに音楽の美しさを犠牲にしなければならない。だから、ロッシーニにとって音楽は抽象的でなければならなかったのだ。

「言葉と音楽の一体化」とは、いい換えれば人物の感情や情熱を音楽が模倣することで、ロマン派以降の作曲家は多かれ少なかれ、このことに腐心した。一方、ロッシーニは音楽がなにかに奉仕することを好まず、それじたいとして輝くように、あえて現実的な感情描写は避けた。「言葉と音楽が一体化」したオペラでは、特定の音楽に複数のイメージは存在しにくいが、ロッシーニの抽象的な音楽は、すぐれた歌手がニュアンスや色彩、緩急や強弱を加えると、台本の筋書きは単純でもイメージが無限に広がる。とりわけ《ランスへの旅》は、ロッシーニがそれまでに蓄積した音楽語法と様式美のさながら展覧会だから、ツボにはまった演奏を聴けたときの感動はひとしおなのである。

このような音楽のありようは、同時代にもドイツ・ロマン主義の作曲家やその信奉者から軽薄だと揶揄された。だが、彼らの主張のよりどころでもあったドイツ観念論を代表する思想家のヘーゲルはロッシーニの価値を看破し、『美学講義』の音楽についてつづられた章で次のように述べている。

「ロッシーニの曲は歌手の負担が軽い、といったいいかたをされるが、それは真理の一面をいうにすぎない。歌手の独立した音楽的天分を多面的に発揮させようとしている点では、歌手の負担が重くなっているともいえる。そして、歌手の天分が真に独創的なものであれば、そこに生じてくる芸術作品は、まったく独自の魅力をもちます。わたしたちは、たんに一つの芸術作品を目の前にしているだけでなく、芸術的な制作の現場に立ちあっている」（長谷川宏訳）

美酒と美食が似あうオペラ

断っておくが、私は言葉と音楽が「一体化」しているオペラと「乖離」しているオペラとのあいだに優劣をつけたいのではない。言葉のニュアンスのすみずみまでをも音楽に反映しようという姿勢も、理想美を追いもとめて音楽の自律性を尊重する姿勢も、それぞれに価値があり、別のアプローチから聴き手の心を揺さぶるものだと指摘したいだけである。

ところで《ランスへの旅》は、フランス国王の戴冠を記念した祝典のために作曲されたオペラである。だから、眉間《みけん》にしわを寄せて聴くよりは着かざって晴れやかな気分で聴くほうが似あうし、終演後には美酒と美食で余韻に浸りたくなる。やっぱり人を堕落の道にさそうオペラなのか……。

3 「ベルカントの最高傑作」のはずなのにベルカントから乖離していた《ノルマ》

ドルイド教徒たちの精神的支柱である巫女《みこ》長という立場にありながら、敵方の将軍との禁断の愛に陥り、個人の感情とはたすべき義務のはざまで思い悩んだあげく、死という自己犠牲の道を選ぶ。ノルマは古代ガリアの女性ではあるけれど、現代人に通じる生身の人間である。いや、禁断の愛に耽《ふけ》っていたのがバレても地位に恋々とする政治家たちが現代風であるなら、ノルマは古風なのかもしれないが、ともかく彼女はほんらいの立場と最後の決断において英雄的でもある。ベッリーニはそんなノルマを描写するためにジュディッタ・パスタを選んだ。正確にいえば、パスタという卓越した歌手が存在したから、《ノルマ》という崇高な古典悲劇を書きえたのである。

ベッリーニはオペラを、古典的様式を優先し、華麗な装飾句で彩ったロッシーニのスタイルから一歩進めた。すなわち装飾句は控えめにし、流麗な旋律と簡潔な表現によって内面の葛藤という人間ドラマを掘りさげる方向へ進んだ。そうした作品の頂点というべき《ノルマ》の主役にふさわしいと判断され、じっさい圧倒的な成功をおさめたと伝えられるパスタとは、どのような歌手だったのだろうか。彼女の崇拝者であったスタンダールの記録にその一端が垣間見える。

「パスタ夫人が頭声と胸声を使い分ける技術には、まったく驚かされる。夫人はこの二種類の声を用いて、快くまたぞくぞくさせる効果を大量に引き出す最高の技術を身に付けている。一続きのメロディーの色合いを鮮やかに出すとか、そのニュアンスを一瞬のうちに変えるために、ファルセットを声域の中間でも用いたり、ファルセットと胸声を交互に使ったりする。しかもそれは胸声の中音域でも最高音域でも、同じようにやすやすと〈融合〉させられるのだ。
（中略）現在のような強烈な表現力をパスタ夫人が獲得するには、人を打つ豊かな色彩が心に備わり、強力な手段に

Vincenzo Bellini

恵まれていなければ不可能だった。その表現には常に真実がこもり、〈理想美〉の規則に従って緩和されてはいるが、常に燃えるようなエネルギーと並はずれた力強さにあふれて聴衆を熱狂させる。しかもあれほど異なる二種類の声を用いて崇高な効果を挙げるには、どれだけの芸術性とどれだけの練習が要求されたか見当もつかない」（『ロッシーニ伝』三十五章、山辺雅彦訳）

これは一八二三年ごろのパスタの歌唱についての記述である。彼女はロッシーニの技巧的な役もいくつも歌っていたが、スタンダールは同じ章にこうも書いている。

「パスタ夫人は将来ロッシーニの影を薄くさせる作曲家の成功に寄与すると思う。夫人は〈簡潔な様式〉に秀でている」

ノルマはメッゾソプラノでアダルジーザはソプラノ

これらの記述から判断するに、パスタは豊かな胸声に恵まれ、そこに頭声を織りまぜて色彩や強弱を自在に変化させながら、古典的な「理想美」からはみ出しつつ、フレーズに生命を注ぎこむことができたようだ。また華麗で超絶的な装飾を加えることよりも、むしろ簡潔な表現に適性があったこともうかがえ、そうした特性が《ノルマ》が初演される一八三一年までにさらに磨かれたのだろう。その結果、スタンダールの予言は的中し、「ロッシーニの影を薄くさせる作曲家（すなわちベッリーニ）の成功に寄与」したのである。

また、総譜にはノルマのパートは「ソプラノ」と記されているが、それは当時、まだメッゾソプラノの概念がなかったためで、パスタは現代でいうメッゾソプラノに近かったと考えられる。したがってノルマのテッシトゥーラ（その作品で使われた大部分の音が入る音域）はあまり高くなく、一方、低音域での色彩やニュアンスが必要になる。逆に、今日はメッゾソプラノが歌うことが多いアダルジーザは、のちに《清教徒》の初演でエルヴィーラ役に選ばれたジューリア・グリージという、パスタより軽く高い声だったと思われるソプラノが初演で歌った。ベッリーニは成熟した女性であるノルマに、若いアダルジーザより低くドラマティックな声をもとめたのだ。

Giuditta Pasta

パスタと同時代にノルマ役を歌い、同様に絶賛されたマリア・マリブラン（一八〇八〜一八三六）の声域もパスタに近かったようだ。一八三四年二月、ナポリのサン・カルロ劇場ではじめてノルマを歌い、その年の五月には、二年半前の一八三一年十二月にパスタがこの役をはじめて歌ったミラノのスカラ座でも歌い、完璧な勝利を手にした。マリブランの歌唱はスタンダールが「〈理想美〉の規則に従って緩和されてはいるが」と留保をつけたパスタの歌唱よりも、いっそうロマン主義的な色あいが濃かったと伝えられる。

Giulia Grisi

ところが、その後めぼしいノルマ歌いはあらわれなかった。ヴェルディをへてヴェリズモの時代になるとドラマティックで大きな声がもとめられるようになり、華麗な装飾句もやわらかいレガートも軽んじられ、旋律に色彩や明暗をあたえるパスタの表現法を称賛したスタンダールのような美意識は失われていった。当時、価値が認められなくなっていた技巧的なコロラトゥーラは、声の軽いソプラノ・レッジェーロが引き受けていた。だが、彼女たちがノルマを歌っても人間ドラマとしてはもの足りないので、ヴェルディやヴェリズモの劇的な役をレパートリーにするソプラノがノルマを歌うことが多くなり、こんどは重い声でも歌えるように技巧的なパッセージがカットされるなどした。メトロポリタン歌劇場で活躍したドイツ人のリリー・レーマン（一八四八〜一九二九）やイタリア系アメリカ人のローザ・ポンセル（一八九七〜一九八一）らはまだマシなほうだが、ポンセルが遺した録音を聴くと、装飾表現は今日の歌手にくらべてつたない。

古典的な様式感を前提に流麗な旋律と装飾句をベルカントの技巧をふまえて歌い、人間ドラマとしての真実も表現する。ノルマ歌いにつきつけられるそんな重い課題に、説得力ある回答を示したのはマリア・カラス（一九二三〜一九七七）だった。彼女はヴェリズモ以前の発声でフレーズに色彩や陰影を復活させるとともに、柔軟で明確なコロラトゥーラの技巧をもちいて、《ノルマ》という作品の真価をあきらかにした。だが、カラスといえども、体系的な研究にもとづいて復興した歴史的な歌唱法の洗礼は受けていない。なおもヴェリズモの影響が色濃かった一九五〇〜六〇年代の演奏のもとでは、ノルマ像の完全な復興は困難だった。また、若々しい声のために書かれたアダルジーザを重い響きのメッゾソプラノが歌うという慣習のもとでは、ノルマ像をほんらいのテクストに近づけるのに限界があったこともつけ加えるべきだろう。

Maria Malibran

理想的なバルトリの歌唱

カラス後の記憶に残るノルマでは、技巧とドラマ性がバランスされている点でレナータ・スコット（一九三五〜）、色彩とニュアンスに富んだフレージングでモンセラ・カバリエ（一九三三〜）らの名が挙げられる。だが、パスタやマリブランに近い音域で、研究に裏打ちされた歴史的な歌唱法を完全に身につけ、色彩豊かでニュアンスに富んだフレージング、華麗な技巧、気品あるアクセントなど、初演時の姿に最も近づいたと思われるのが、メッゾソプラノのチェチーリア・バルトリである。先に引いたパスタの歌唱に対するスタンダールの賛辞を、バルトリの歌唱の説明として読んでも違和感をおぼえない。

ただし、ノルマひとりについて初演時のあり方をもとめても、《ノルマ》というオペラ全体を正しく復興するには足りない。まずアダルジーザ役に、若い巫女役にふさわしいソプラノを起用し、ノルマとの声の対比を明瞭にすることが必要だ。一九八〇年代以降、リチャード・ボニングがソプラノのカバリエを、リッカルド・ムーティが同じくエヴァ・メイ（一九六七〜）を起用するなどの動きはあった。近年では二〇一三年にボローニャ歌劇場で音楽監督のミケーレ・マリオッティ（一九七九〜）が、マリエッラ・デヴィーアのノルマに対して、アダルジーザ役にソプラノのカルメラ・レミージョ（一九七三〜）を選び、すぐれた上演を実現させた。だが、なお重い響きのメッゾソプラノがキャスティングされることが多いのが現状である。

テノールのパートであるポッリオーネについても同様だ。前世紀半ばにはマリオ・デルモナコ（一九一五〜一九八二）、フランコ・コレッリ（一九二一〜二〇〇三）といった当代随一のドラマティック・テノールがこの役を歌い、いまでも重量級の声のテノールが歌うことが多いが、初演歌手はロッシーニの技巧的な歌唱が得意なドメニコ・ドンゼッリだったのである。

この歌手はいわゆるバリテノーレ（バリトンのような力強い声でありながら高音も操れるテノール）で、ロッシーニ《オテッロ》のタイトルロールなど、比較的ドラマティックな役を得意とし、声はかたく、声域はどちらかというと低めだったという。このためベッリーニはポッリオーネにあまり高い音をあたえず、ドンゼッリじしん、フレージングにロマン派的な緊張感をあたえながら歌ったと伝えられる。

とはいえドンゼッリは、柔軟なアジリタが不可欠な《ラ・チェネレントラ》のドン・ラミーロや《マティルデ・ディ・シャブラン》のコッラディーノも歌い、《ランスへの旅》の騎士ベルフィオーレの初演歌手でもある。大音量のオーケストラを突きぬける鋭い響きが優先される今日のドラマティック・テノールとくらべたら、かなり軽やかな声だったはずだ。「ドラマティック」の概念が異なるのだ。二十世紀以降の演奏では、ドンゼッリを前提に技巧的に書かれた箇所は、短縮したり、カットしたりする必要が生じた。そしてなお、この悪弊《あくへい》から脱していない上演のほうが多いのが現状である。

しかし、バルトリがジョヴァンニ・アントニーニ(一九六五〜)ひきいる古楽器オーケストラ「ラ・シンティッラ管弦楽団」とともに、二〇一一年から二〇一三年にかけておこなった録音では、徹底した手稿譜の研究によってベッリーニの意図が再現されたうえで、アダルジーザにスミ・ジョー(一九六二〜)、ポッリオーネにジョン・オズボーン(一九七二〜)という理想的なベルカント歌手がキャスティングされた。この演奏は、これからのノルマ復興への指針になるべきものだろう。

チェチーチア・バルトリの《ノルマ》(DECCA)

4 《愛の妙薬》と《ドン・パスクワーレ》にみるオペラ・ブッファの進化

ここまでなんどかオペラ・ブッファという言葉を使ってきた。その意味は端的にいえば「日常生活が題材の喜劇的なオペラ」である。十八世紀前半におもにナポリで書かれはじめ、その純粋な完成形は一八一六年初演のロッシーニ《セビリャの理髪師》だろう。少し前の世代であるドメニコ・チマローザ（一七四九～一八〇一）やジョヴァンニ・パイジエッロ（一七四〇～一八一六）らのブッファでは、人物の造形が類型的で、よくも悪くも品よくまとめられていたのにくらべると、音楽の展開は機知に富み、生気あふれるキャラクターが感情のほとばしりをともない、活き活きと描かれている。

一方、ドニゼッティの《愛の妙薬》と《ドン・パスクワーレ》は、伝統的なブッファのスタイルからかなりはみ出している。ちなみに、スコアに記された呼び名は《セビリャの理髪師》が「コンメディア commedia」（喜劇）、《愛の妙薬》が「メロドランマ・ジョコーゾ melodramma giocoso」（おどけた音楽劇）、《ドン・パスクワーレ》が「ドランマ・ブッフォ dramma buffo」（滑稽《こっけい》な劇）と、それぞれちがうが、いずれもオペラ・ブッファをさしている点に変わりはない。では、ドニゼッティの二作はどこが伝統からはみ出しているのか。それは濃厚なロマン主義的色彩と感情描写においてである。

日ごろ読み飛ばしている人も多いと思われる「ロマン主義」という語がなにをさすのか、ここであらためて考えておきたい。それは十八世紀末から十九世紀にかけてのヨーロッパに広がり、ヨーロッパじゅうを覆った芸術や文化上の思潮で、形式を重んじ、絶対的で均整のとれた美を追いもとめた「古典主義」に対立する動きだった。

十八世紀のヨーロッパでは二つの大きな革命が起こった。そのひとつ、一七八九年のフランス革命は、自由、平等、博愛という理想を掲げて非合理な圧政を打ち破ったはずだったが、現実にはその後、醜悪な恐怖政治やナポレオンの独裁を生み、政治的にも社会的にも文化的にもヨーロッパ全体に大混乱をもたらす結果となった。もうひとつの産業革命も、鉄道や蒸気船の登場で人々の生活が便利になる一方で、農村における手工業が崩壊し、都市に流入した労働者たちは貧民街を築いていった。急激な社会の変化は、当初の期待とは裏腹な結果をもたらし、この時代の青年たちは状況に幻滅し、絶望し、深い虚無感をいだくにいたった。そこから生まれたのがロマン主義である。

青年たちは矛盾に直面しながら自由を希求し、それは個人の内面にしかえられないという結論に達した。このようにロマン主義は、合理的で調和や均整を重んじた古典主義への拒否反応からはじまったため、古典主義と正反対の主張となってあらわれた。すなわち社会より個人、客観より主観、合理性より不合理、現実より非現実への志向で、彼らは行動するよりもむしろ、個人の感性や想像力によって目の前の矛盾を乗り越えようとしたのだ。だから表現は必然的に、感情的で叙情的になる。具体的には、神秘的なものや異国的なものへの憧れ、失われた田園風景への逃避、そして情熱的な恋愛、絶望が嵩じての死への志向となってあらわれた。イタリアでもそれは、オーストリアなどによる支配に対してナショナリズムが高揚する流れのなかで染みわたっていった。

愛のために死ぬことができる

こうして見たとき、《愛の妙薬》がまぎれもないロマン主義精神の産物であるとわかる。ブッファの伝統にのっとって、バッソ・ブッフォ（滑稽なバス）が重要な役割をはたしているが、いかさま薬売りのドゥルカマーラ（バス）は人間味にあふれ、話芸と活気で聴き手の心をつかんでしまう。そのうえ、このオペラの中核をなすのは、ネモリーノ（テノール）とアディーナ（ソプラノ）の叙情的な恋愛劇である。彼らはこれまでのオペラ・ブッファの登場人物よりも、はるかに豊かな感情をもっている。

そもそもドニゼッティは、オペラの登場人物に自分じしんの感情を投影する作曲家だという点で、ロマン主義の申し子だったといえる。グリエルモ・バルブランとブルーノ・ザノリーニの共著『ガエターノ・ドニゼッティ　ロマン派音楽家の生涯と作品』にも、ドニゼッティの姿勢について、「すべての音楽上・舞台上の問題は、登場人物たちの精神的動きの内面的探求に帰する、というやり方で解決されている」（高橋和恵訳）とある。その姿勢がオペラ・ブッファでもつらぬかれたのである。

ネモリーノは教養こそないが、アディーナへの満たされない恋心を歌う最初のソロから、旋律には真摯な感情がこめられている。ネモリーノとアディーナがおなじ旋律で異なる内容を歌う二重唱も、メランコリックな色彩のなかに素直な感情が描かれるところが、これまでのオペラ・ブッファを超えている。ただ、なににも増して《愛の妙薬》をロマン主義オペラたらしめているのは、ネモリーノのロマンツァ「人知れぬ涙 Una furtiva lagrima」だろう。日本では新国立劇場で二〇一〇年にジョ

「人知れぬ涙」を歌うネモリーノ役のアントニーノ・シラグーザ（《愛の妙薬》2013年新国立劇場公演より　撮影：三枝近志　提供：新国立劇場）

セフ・カレヤ（一九七八～）、二〇一三年にアントニーノ・シラグーザ（一九六四～）という、いまを代表するテノールがそれぞれ切々と歌いあげたのが思いだされる。

村の娘たちに急にチヤホヤされているネモリーノを見て（本人は飲めば相手が自分に恋心をいだく「妙薬」の効果だと信じているが、ほんとうは彼の伯父が亡くなって遺産が入ると娘たちが聞きつけたからにすぎない）、不安になったアディーナはドゥルカマーラに聞く。すると、ネモリーノは「妙薬」を手に入れるために軍隊に入ったという。この状況は喜劇的だ。しかしネモリーノは喜劇を哀愁ただよう感情のドラマに昇華させてしまう。ネモリーノの深い愛情に心動かされたアディーナが涙を見せると、ハープの分散和音とファゴットの悲しげな旋律に導かれ、ネモリーノが歌いはじめる。そして、むなしかった願いがようやく成就することに対する真実の感情が描かれる。それを受け入れるアディーナの装飾がほどこされたアリアを受けて、このオペラがブッファである前に、普遍的な感情のるつぼであることがあきらかになるのだ。

さらに注目すべきなのは、「人知れぬ涙」を締めくくる歌詞である。「天よ、死んでもいい Cielo! Si può morir!」と歌い、さらに「死んでもいい」と三回繰り返し、最後に「愛のために d'amor」とつけ加える。死への志向、それも「愛のために」というのは、まぎれもなくロマン主義的精神であり、ここに《愛の妙薬》と《ドン・パスクワーレ》の大きな接点が見いだせる。

《ドン・パスクワーレ》の第二幕冒頭でエルネスト（テノール）は、トランペットの悲しげな調べに導かれて、二部形式のアリア「はるかな土地をもとめて Cercherò lontana terra」を歌う。叔父のドン・パスクワーレ（バス）から財産をもらえず、結果としてノリーナ（ソプラノ）を嫁にむかえられないという状況を嘆くが、現実の状況はたいして悲劇的ではないし、絶望するほどとは思えない。だが、ドニゼッティはそこに美しい感傷的なアリアをあたえた。持ち前の想像力で表面的な現実を超えた精神の内奥を描きだした、といえばいいだろうか。

したがって歌詞も、「はるかな土地をもとめ、そこで人知れず嘆くのだ。そこで暮らすことにしよう、心は戦場のまま、失った恋人のことを嘆きながら Cercherò lontana terra / Dove gemer sconosciuto, Là vivrò col cuore in guerra / Deplorando il ben perduto」と、ロマン主義的に大げさだ。絶望的な状況を感性や想像力によって乗り越えようとするのは、まさにロマン主義の心性である。もうひとつ注目すべきは、アリアが「もし、いとしいあなたが幸せであるなら、あなたの忠実な恋人は、満足して死にます Se tu sei, ben mio, felice, / Morrà pago il tuo fedel」という歌詞で締めくくられていることだ。現在、単に「満足です Sarà pago il tuo fedel」と歌われるのが一般的だが、元来、リブレットにはこのように「死への志向」が記されていた。

欲深い老人がいたい目にあう、という伝統的なオペラ・ブッファの筋書きを基本にすえている《ドン・パスクワーレ》にあっても、ドニゼッティは「死をもいとわない」ほど緊張感をともなう感傷的な愛の物語を同時に推しすすめ、恋人たちの心情に同伴してきた聴き手は、愛の成就によって晴れやかな気持ちになる。そこにドニゼッティの手になるロマン的ブッファの真骨頂があるといえる。

田園とブルジョワ

二つのオペラは、バッソ・ブッフォと狂言まわし的なバリトン、そして恋人役のテノールとソプラノという四人が主要な登場人物である点でも共通している。だが、あくまでも恋人たちが主役の《愛の妙薬》に対し、《ドン・パスクワーレ》は、タイトルロールであるバッソ・ブッフォを主役にすえ、彼を中心に物語が進行する。また、人物の入れかえや変装といったブッファの常套《じょうとう》手段も、《愛の妙薬》にはなかったが、こちらにはある。《ドン・パスクワーレ》は、ドニゼッティが多くの作品を書き、第二の故郷と慕ったナポリを起源とするオペラ・ブッファの直系なのである。

しかし、それが過去への回帰かというと、むしろ逆だ。テクニカルなことをいえば、《愛の妙薬》ではフォルテピアノなどで簡単な通奏低音を伴奏するレチタティーヴォ・セッコがもちいられたのに対し、《ドン・パスクワーレ》ではオーケストラ伴奏のレチタティーヴォ・アッコンパニャートに進化している。だが、大きく異なるのは物語の舞台である。《愛の妙薬》は田舎の田園が舞台で、階級や貧富の差を背景にして物語が展開する。田園へのあこがれや叙情性の希求もロマン主義の特徴だったが、《ドン・パスクワーレ》ではロマン主義のにない手であるブルジョワジーじしんが、ドラマの

1843年、パリのサル・ヴァンタドールにおける《ドン・パスクワーレ》の舞台

にない手である。そこにもはや階級の対立はない。

遠い世界、すでに失われたかもしれない世界に想像力をめぐらし、若くて未熟な男女の恋愛の成就に深い共感をしめす、というのが《愛の妙薬》に対するドニゼッティのスタンスだった。一方、《ドン・パスクワーレ》では、それまであまりオペラに描かれることがなかったブルジョワジーばかりで構成される世界において、ドニゼッティはもはや当事者である。そして当事者の目線から愚かで憐《あわ》れな老人に、ほほえましい感情を注いでいる。だから、フィナーレでパスクワーレが「教訓はすばらしい。私もそれを肝《きも》に銘じよう La morale è molto bella / applicarla a me si sta」と歌うとき、定型的な言葉に近いのに真実の感情がこもって聴こえる。

ブッファの伝統はほぼここで絶えることになるが、伝統の残滓《ざんし》にこうして共感にもとづく真情をこめたからこそ、のちにヴェルディが《ファルスタッフ》を生む素地を残すことができたのではないだろうか。

5 ヴェルディ《ナブッコ》は「愛国的オペラ」ではなかった

少し古い発想で恐縮だが、「連想ゲーム」からはじめたい。《ナブッコ》というヒントを出されたら、「リソルジメント」と答える人は少なくないだろう。反対にヒントが「リソルジメント」でも、オペラを知っている人の多くは《ナブッコ》と答えるのではないだろうか。「リソルジメント risorgimento」とは「復活」や「復興」を意味するイタリア語で、歴史的な文脈でもちいる場合は、一般に十九世紀半ばのイタリア統一運動のことをさす。いま、連想ゲームで《ナブッコ》をリソルジメントと結びつけたのは、《ナブッコ Nabucco》（原題は《ナブコドノゾール Nabucodonosor》）という作品が広く「リソルジメントのオペラ」として認識されているからだ。

たしかに、《ナブッコ》がミラノのスカラ座で初演された一八四二年当時、イタリア半島は近隣諸国によって分割統治され、ミラノをふくむロンバルド＝ヴェネト王国はオーストリアのハプスブルク家の支配下にあった。圧政への人々の不満がたまっていたことから、《ナブッコ》というオペラも一般に、つぎのように理解されている。

「《ナブッコ》や《ロンバルディ》に対して当時のイタリア人がおくった異常な熱狂は、もちろんヴェルディの力強い音楽そのものの力によるものだったにせよ、こうしたイタリアの抑圧された政治的状況と決して無縁ではなかったのである。《ナブッコ》でバビロニアに幽閉されたヘブライ人たちが懐かしい祖国をしのんで歌う合唱や、それにつづいておなじソレーラがリブレットを準備した第4作《ロンバルディ》の中で歌われる〝O Signore, dal tetto natio（おお、主よ、われらの生まれた土地から）〟の歌詞が暗示する愛国的なアッピールに、彼らは自由と独立を奪いとられた自分たちのすがたを見出したのだった」（高崎保男著『ヴェルディ全オペラ解説①』）

じじつ、第三部のヘブライ人たちの合唱、「行け、わが思いよ、金色の翼に乗って Va! pensiero sull'ali dorate」は長年、イタリア人の愛国心の象徴として、第二の国歌のようにあつかわれている。しかし、そこにこめられているという「愛国的なアッピール」は、はたして初演時からイタリア人の愛国心を刺激していたのだろうか。

ヘブライ人の合唱に聴衆は熱狂しなかった

結論を先にいえば、近年の研究によって、リソルジメントと《ナブッコ》の関係は否定されている。ロンバルド＝ヴェネト王国でオーストリアからの独立とイタリア統一への機運が高まるのは、もう少し時代が下ってからで、具体的には一八四八年にウィーンで三月革命が起きてからである。

その年、パリで二月革命が勃発して国王ルイ・フィリップ（一七七三〜一八五〇）が退位すると、翌月、その動きはウィーンに飛び火した。当時のオーストリアは、ヨーロッパの国際秩序をフランス革命以前にもどそうとしたウィーン体制を維持すべく汲々《きゅうきゅう》としており、秘密警察に日々監視される人々のあいだに不満が鬱積《うっせき》していた。こうしてついに群衆が蜂起し、宰相クレメンス・フォン・メッテルニヒ

（一七七三〜一八五九）が追いだされると、その事実はすぐにミラノにも伝えられ、三月十七日にミラノでも独立をもとめる暴動が起きたのだ。ヴェルディがこれに刺激されて作曲したのが、一八四九年にローマのアルジェンティーナ劇場で初演された《レニャーノの戦い La battaglia di Legnano》だった。このオペラはイタリア半島に進攻してきた神聖ローマ皇帝フリードリヒ一世（いわゆる赤ひげ王、一一二二〜一一九〇）を、ロンバルディア同盟軍がミラノの北方のレニャーノで破った一一七六年の史実にもとづいた物語で、字義どおり「リソルジメントのオペラ」だった。

そうだとすれば、その七年前に《ナブッコ》が成功した理由はなんだったのか。シカゴ大学とリコルディ社による批判校訂版ヴォーカル・スコアの序文に簡潔にまとめられた研究成果を下地にして、《ナブッコ》の真実をひもといていきたい。

じっさい初演は疑問の余地のない大成功をおさめ、一夜にしてヴェルディの名声は決定づけられた。公演は連続八回で打ち切られたが、これは初演の三月九日がすでにスカラ座のシーズン終盤に当たっていたためで、その年の秋には五十七回上演という記録を打ちたてている。この大成功について、これまでは先に述べたように、捕虜にされたヘブライ人の合唱の痛切な訴えが、オーストリアの支配下であえぐイタリア人の心情とかさなったからだと説明されてきた。熱狂した聴衆はアンコールを要求し、その後、この合

《ナブッコ》初演のポスター

唱曲は街じゅういたるところで歌われ、ヴェネツィアのフェニーチェ劇場で上演されたさいには、聴衆がいっせいに立ちあがっていっしょに歌ったのだ、と。

しかし、じつは初演時にこの合唱がとくに支持されたという記録はない。むしろ、第四部のエホバをたたえる無伴奏の合唱「偉大なエホバ！ Immenso Jeovha!」が熱狂的にむかえられ、アンコールされたのが史実だという。また、ミラノ以外のイタリア半島の都市で、ヘブライ人の合唱が熱狂的にむかえられたという記録も存在しない。

《ナブッコ》がイタリア人の愛国心に火をつけたという伝説は、どうやら後世の「創作」なのだ。作曲家として大成し、またVerdiというつづりが「イタリア王、ヴィットーリオ・エマヌエーレ二世 Vittorio Emanuele Re D'Italia」の頭文字とかさなることから、ヴェルディはリソルジメントの象徴としてあつかわれ、それとともに都合がいいように史実が書きかえられた。その可能性が高いのだ。そもそも、《ナブッコ》がほんとうに愛国オペラのはしりであったなら、初演後まもなくイタリア以外のヨーロッパ主要都市でつぎつぎと上演され、それらの国の聴衆に受けいれられたのがなぜか、説明がつかない。初演翌年には、イタリア人にとって「敵地」であったウィーンのケルントナートーア劇場でも上演され、成功をおさめている。その後、一八四四年にはベルリンで、一八四五年にはパリで、つづいて東欧やニューヨーク、南米でも上演され、成功しているのである。

バリトン、ジョルジョ・ロンコーニの勝利

そうであるなら、《ナブッコ》が成功した要因は作品それじたいの力と演奏にもとめるほかない。

初演でアビガイッレ役を歌ったのは、ソプラノのジュゼッピーナ・ストレッポーニ（一八一五～一八九〇）だった。のちにヴェルディの伴侶となるこの女性は当代きっての名ソプラノといわれたが、このとき二十七歳という若さでキャリアは終わりに差しかかっていた。《ナブッコ》初演の前月には、同じスカラ座でドニゼッティ《ベリザーリオ Belisario》（一八三六年初演）に出演したが、ストレッポーニだけが聴衆の喝采を浴びなかったとされ、「激やせして咳《せき》ばかりし、重大な障害がある」という医師の記録も残っている。《ナブッコ》初演でも、声楽的にかなりの困難をともなったと伝えられる。このときのストレッポーニの歌唱をたたえるレポートも残っているが、じつは六年前の彼女の歌を評したもので、これも「創作」のようだ。

一方、文句なしに称賛をあびたのは、タイトルロールを歌ったバリトンのジョルジョ・ロンコーニ（一八一〇～九〇）だ。彼も《ベリザーリオ》につづく出演だったが、聴衆の熱狂を呼んだという。このオペラの成功はかなりの部分を、ドニゼッティの七作品の初演歌手として名を残すロンコーニの歌に負っているようだ。録音が残されていない以上、歌唱を再現するのは困難だが、《ナブッコ》の特質をあきらかにできれば、おのずとロンコーニの歌唱の特徴も浮き彫りになるだろう。

《ナブッコ》は一般に、荒削りではあるものの、若きヴェルディの熱気と活力がみなぎるオペラであり、当時のイタリアがおかれていた政治的状況への憂いを下敷きにしたテミストークレ・ソレーラ

（一八一五～一八七八）の台本の力もえて、イタリア人の愛国心を揺さぶった、とされてきた。しかしこの作品の原点は、宗教劇であること、そしてベルカント様式に依拠しているところにこそある。台本は旧約聖書を題材にしたオラトリオ風のもので、人間ドラマとしての完結性をもとめていない点が、ロッシーニ《エジプトのモゼ Mosè in Egitto》（一八一八年初演）に近い。合唱が多く盛りこまれているところにも《モゼ》を範にしたあとが見える。またアビガイッレのパートに顕著だが、装飾歌唱が随所にちりばめられ、激しい音の跳躍や下行もあって、それらはあきらかにドニゼッティやベッリーニがプリマドンナにもとめた歌唱様式につながっている。

Giuseppina Strepponi

Giorgio Ronconi

そして、ヴェルディが最もこだわったのがタイトルロールで、彼じしんがロンコーニの起用を強く望んだのだ。声がやわらかく、音域が広く、ドニゼッティのお気に入りであったロンコーニは、《ナブッコ》の録音を残している往年の名バリトンたち、たとえばティート・ゴッビ（一九一三～一九八四）やピエロ・カップッチッリ（一九二九～二〇〇五）らよりも、柔軟で技巧的な歌を聴かせたと考えられる。ヴェルディはそういう歌手を前提に《ナブッコ》を書いのだ。

今日でも《ナブッコ》を上演するにあたって重量級の歌手がそろえられるケースが多いが、それは初演時の演奏からは遠いスタイルだといえる。

《ナブッコ》は華麗で優美な様式を土台にしながらも、ヴェルディの気質に根ざした熱気があふれ、弾《はじ》けんばかりである。第三部のナブッコとアビガイッレの二重唱には、のちにヴェルディのトレードマークになる父娘の感動的な重唱の原型が見いだせる。一八三〇年代までのオペラには見られなかった活力は、当時の聴衆には鮮烈だったろう。また第四部の切々たるカンタービレと、それにつづくカバレッタなど、新しいドラマティックなスタイルによってロンコーニからあらたな劇的表現力が引きだされ、初演の大成功につながった。そのように考えるのが順当ではないだろうか。

荒削りな「愛国オペラ」としてとらえると、《ナブッコ》が内包する活力に気づきにくい。これまでイタリア人の祖国への思いと結びつけて語られすぎ、伝統をふまえた由緒正しき側面も、伝統の枠からはみ出した情熱とエネルギーも、ともに正統に評価されにくかった。「創作」されたリソルジメントの伝説から自由になったいまこそ、その魅力とまっすぐに向きあえるはずである。

6 ヴェルディ初期のマイナーオペラはこんなにすばらしい

世界の歌劇場で自作が最も多く上演されている作曲家はヴェルディだ。しかし、五十年以上におよんだ創作期間に書いた二十八のオペラ（改作をふくむ）のうち、十七作目の《リゴレット》より以前に書かれた作品は、それほど上演されるわけではない。三作目の出世作《ナブッコ》や十作目の《マクベス》は例外だが、たとえば一八四五年二月に初演された七作目の《ジョヴァンナ・ダルコ Giovanna d'Arco》（仏語でジャンヌ・ダルク）などはめったに上演されない。初演したミラノのスカラ座でさえ、一八六五年を最後にいちども上演されていなかったのである。

いま、「いなかった」と過去形で書いたのは、ようやく上演されたからだ。百五十年ぶりに舞台にかけられたのは、二〇一五年十二月七日のこと。スカラ座では毎年、守護聖人の聖アンブロージョの日である十二月七日にシーズンが開幕するのがならわしだ。つまり二〇一五／二〇一六年のシーズン幕開けを飾る作品に選ばれたのである。

これほど長くほうっておかれていたのは駄作だからかといえば、それはちがう。私は同年十二月二十三日にミラノで鑑賞し、強く感銘を受けた。指揮は二〇一五年からスカラ座の首席指揮者に就任していたリッカルド・シャイー（一九五三〜）。ソプラノのアンナ・ネトレプコ、テノールのフランチェスコ・メーリ、バリトンのカルロス・アルバレス（一九六六〜）と歌手陣もそろっていたが、だれ

ヴェルディ《ジョヴァンナ・ダルコ》のヴォーカル・スコア表紙（1845）

が演奏しようと作品じたいに力がなければ聴き手を納得させられない。すぐれた演奏家をえて、作品のポテンシャルが引きだされたと考えるべきだ。

では、どうしてこれまでめったに上演されなかったのだろうか。最大の原因は過去の流行にある。ヴェルディはとりわけ《リゴレット》以降、起伏に富んだ劇的な世界を以前にも増して追いもとめ、激しい感情を好んで描いた。そのために台本の言葉と音楽を可能なかぎり一体化させたほうがよいと考え、伝統的な定型から脱して自由に表現しようとこころみた。こうした歩みは同時代の作曲家たちと軌を一にし、オペラはしだいに過去の定型からはずれていった。それとともに伝統を継承した作品は時代遅れになり、一部の人気作をのぞけば上演されなくなったのだ。つまり、伝統的な様式を守っていたロッシーニのオペラ・セリアが上演されなくなったのと同じように、ヴェルディの初期のオペラもかえりみられなくなったのである。

演奏機会が少なくてよかった三つの点

こうして、いくつもの作品が眠っていたのだが、そのおかげでよかったこともある。それは大雑把にいって、以下の三つの点である。

ひとつは、長いあいだに定着した「演奏慣習」の影響を受けずにすんだことだ。たとえば《ラ・トラヴィアータ》（いわゆる《椿姫》）のように途切れることなく演奏されてきた人気作は、アリア後半のカバレッタが省略されたり、重唱がまるごとカットされたり、指示があっても繰りかえされなかったり、書かれていない高音がわざわざつけ加えられたり、といったならわしに縛られて、ヴェルディが書いたとおりに演奏されるケースはむしろ稀《まれ》だ。なにしろ、楽譜のなかのある部分をいらないと勝手に判断し、ホチキスで閉じて見えなくするなんていうことが、長くまかりとおってきたのである。一方、《ジョヴァンナ・ダルコ》のように埋もれていた作品にはそんな慣習がないから、今回のスカラ座の演奏のように、ほぼヴェルディが書いたままに聴ける可能性が高い。

二つめは、歌唱についても悪しき慣習の影響が少ないことだ。ヴェルディの初期作品はおおむね、先輩であるドニゼッティらの作品よりドラマティックだとはいえ、先輩たちから継承した「型」を守り、各所に装飾をほどこすなど、まだベルカント様式を踏襲していた。だからこそベルカントが忘れられるといっしょに忘れ去られてしまったのだが、いまはロッシーニやドニゼッティらの埋もれていたオペラが次々と舞台にかかる「ベルカント復興」の時代である。過去の歌唱法が研究され、それを学んだ歌手も増え、ヴェルディの初期作品も、そうあるべき様式で演奏されるようになってきた。二十世紀中ごろに演奏されたときなどベルカントと遠くへだたって、まるでヴェリズモ・オペラのように歌われることもあったが、上演機会が稀なのがさいわいし、それが慣習にならなかったのだ。

そして三つめは、先入観なしに作品全体を再評価しやすい点だ。情景や感情を描写するために管弦楽がニュアンス豊かに響き、全体として緊密にドラマが構築され、そのなかで声の競演が味わえる――。私は《ジョヴァンナ・ダルコ》というオペラの完成度がこれほど高いとは、スカラ座の演奏を聴くまで知らなかった。

すぐれた演奏でよみがえる崇高な歴史劇

《ジョヴァンナ・ダルコ》の主役は、いわゆるオルレアンの少女（ジャンヌ・ダルク）だ。百年戦争下のフランスで故国を救うために戦う彼女は、国王カルロ七世に恋心をいだく。その様子を見た父は娘に悪魔が憑《つ》いていると思いこみ、その結果、ジョヴァンナは魔女あつかいされて捕えられる。だが父の誤解が解け、ふたたび戦場に立ってフランスを勝利に導くが戦死する、という話である。

父親のジャコモ役を歌ったアルバレスは、体調不良で三公演をキャンセルしたが、私が鑑賞した日は登場した。病みあがりのせいか、父親の屈折した心情がやや淡白に描かれた感もあるが、持ち前のノーブルな声には説得力がある。カルロ七世役のメーリは理想的な歌唱だ。ロッシーニから出発したメーリは、アジリタなど装飾歌唱がたくみなうえ、デビュー間もないころからレガートも美しかった。少し翳《かげ》りのある声をエレガントに響かせながら、ヴェルディの初期作品ならではの様式美を柔軟な声で格調高く表現した。また、メーリが歌うとヴェルディが強弱や明暗をこまかく指示し、旋律に多彩で豊かな表情をあたえようとしていることがよくわかる。

ジョヴァンナ役はネトレプコ。初演で歌ったエルミニア・フレッツォリーニ（一八一八～一八八四）

は声域が広く、装飾歌唱の高度な技巧を駆使したという。じじつ、この役は高いド（三点ハ）まで楽に出しながら装飾のあるパッセージも歌いこなし、しかも声をドラマティックに響かせなくてはならない。その点で現在、ネトレプコにまさるソプラノはいそうにない。彼女はドニゼッティやベッリーニのオペラを歌うと、声が強く響きが大きいぶん技巧の粗《あら》が気になることもあったが、ヴェルディの初期作品には望ましい。その美声は倍音をともなってよく響く。また演技巧者だが、演じる前に声じたいに存在感があり、これは録音ではわからない実演での魅力だ。この日、彼女は頻繁に「ブラーヴァ」を浴びていたが、日ごろ冷たいスカラ座の聴衆が、これほど熱い「ブラーヴァ」を送ることはあまりない。

スカラ座の《ジョヴァンナ・ダルコ》におけるネトレプコ
© teatro alla scala

　これらの声の競演はベルカントの様式をふまえながら、同時にレガートもアジリタもそれぞれがドラマに貢献していた。シャイーは歌手も合唱もたくみに繰りながらシンフォニックな表情を際だたせ、崇高な歴史劇を構築した。ほんらいが崇高な音楽は、すぐれた演奏がえられれば崇高に聴こえるのである。ただし、モーシェ・ライザー

（一九五六～）とパトリス・コーリエ（一九五四～）の二人組による演出には疑問も残った。プログラム上で彼らは「台本が不自然なので不自然にならない方法を考えた」と語っていたが、その方法とは、ベッドを舞台の右に置いてジョヴァンナに白いパジャマを着せる、すなわち、すべてを病床のジョヴァンナの夢にするというものだ。だから、国王カルロは顔から髪まで終始キンキラキンに輝いていた。台本が不自然でも、音楽をともなうと不自然に感じられないのがオペラの醍醐味だろう。安易に夢や妄想に置きかえるとオペラじたいの否定につながりかねない。

とはいえカーテンコールでは、クールなスカラ座の聴衆が総立ちで、何回もカーテンコールを要求した。スカラ座がこれほど盛りあがったのは、私が直接観たかぎりでは二〇〇一年にリッカルド・ムーティ（一九四一～）が指揮し、プラシド・ドミンゴ、バルバラ・フリットリ（一九六七～）、レオ・ヌッチ（一九四二～）というキャストで上演されたヴェルディ《オテッロ》以来だった。ヴェルディ初期のマイナー作品は、いい演奏で聴くとこれほどすばらしいのである。

《ジョヴァンナ・ダルコ》でカルロ７世を演じるメーリ
© teatro alla scala

7 ヴェルディといっしょに成長した出世オペラ《ドン・カルロ》

以前、イタリア・オペラの専門家や愛好家の集まりに参加したとき、それぞれが自己紹介の最後に、墓場にもっていきたいオペラをひとつ挙げることになったが、半数以上の人の回答がヴェルディの《ドン・カルロ Don Carlo》に集中した。それほど人気があるわりに上演機会が多くないのは、玄人好みの作品だからだろうか。

じつはこのオペラは上演するのがたいへんなのだ。主要な登場人物だけで六人におよび、すぐれた歌手をそろえるのがひと苦労であるうえ、四幕ないし五幕で終演までに長時間を要する。ただし、ひとたび上演されれば時間の経過など忘れてしまう。失恋や道ならぬ恋という男女の愛憎劇にとどまらず、男どうしの友情から権力者の孤独、父子間の葛藤、さらには政治と宗教の対立まで、だれもが人生の節々で突きあたって煩悶するテーマが名アリアや重唱をともないながら掘りさげられ、聴き手を濃密に刺激する。たしかに、墓場にこれひとつもっていければ飽きそうにない。

ところで、《ドン・カルロ》が「イタリア・オペラ」だというと、首をかしげる人もいるだろう。元来、パリのオペラ座からの委嘱で、ドイツの文豪フリードリヒ・フォン・シラー（一七五九～一八〇五）の『スペイン王子ドン・カルロス Don Carlos, Infant von Spanien』（一七八七）を原作に、フランス語の台本に書かれたグランド・オペラで、平たくいえばフランス・オペラだからである。

数々のエディションの存在

《ドン・カルロ》、正確にはフランス語版の《ドン・カルロス Don Carlos》が初演された一八六七年当時、パリには主要な歌劇場が三つあった。ひとつは《カルメン》のような台詞つきのオペラ、すなわち「オペラ・コミック」を上演する「オペラ・コミック座」。オペラの本家であるイタリアの作品をイタリア語で上演する「イタリア劇場」。そして、台詞の部分も歌われるフランス・オペラ、すなわちレチタティーヴォによってドラマを進行するフランス語のオペラを上演する「オペラ座」で、当時、ヨーロッパの政治、経済、文化の中心になっていたパリで成功したいと考える作曲家は、三つのなかで最も重要視されていたオペラ座で自作が上演されることを夢見た。

だが、ヴェルディのようなイタリアの（またはフランスから見て外国の）作曲家にとって、自分が作曲したオペラをオペラ座で上演することは、故国で上演するのとは勝手がちがった。オペラ座のおもな観客であった新興ブルジョワジーたちがオペラに真っ先にもとめたのは、豪華絢爛《けんらん》な娯楽的要素だった。だから四幕か五幕の多幕編成にして、登場人物の多い歴史的な題材を取りあげ、オーケストラの編成も大規模にし、スペクタキュラーな見せ場を多くつくり、さらにはバレエも組みこまなければいけなかった。台本がフランス語で書かれていればよいという単純な話ではなかったのである。

ヴェルディもオペラ座がもとめる条件にあわせて、シラーの原作をフランス語に翻案した台本に、全五幕でバレエがふくまれ、上演に四時間近くかかる壮大なオペラを作曲した。しかし、このオペラが、ヴェルディが最初に書きあげたエディションのままにとどまっていたら、「墓場にもっていきたい」とまで愛着をおぼえる人は、これほど多くなかったのではないだろうか。というのもヴェルディの初稿が、いま一般にイタリア語で上演される《ドン・カルロ》になるまでには、有為《うい》転変とでもいうべき変遷をへているからである。

そもそもヴェルディの初稿は、そのままのかたちでは上演されなかった。イタリアで作曲を終えたヴェルディは、スコアをパリにもちこむ前に多少のカットをほどこし、パリでのリハーサル中にもいくつもカットをかさねた。さらには初演直後に若干手なおしをしているため、現在、パリ初演版とされているのは、初演二日目(一八六七年三月十三日)に演奏されたエディションになる。

しかし今日、パリで上演された《ドン・カルロス》を鑑賞できるチャンスはあまり多くない。世界じゅうの歌劇場で上演されているのは、たいていの場合、台本がイタリア語で書かれている《ドン・カルロ》だ。表面的には似ている例がある。同じパリのオペラ座のために、ロッシーニがやはりシラーの戯曲を原作にして作曲した《ギヨーム・テル》も、かつてイタリアでは、イタリア語版の《グリエルモ・テル Guglielmo Tell》として上演されることが多かった。だが、こちらは台本のイタリア語訳にロッシーニは関与していない。いわば「海賊版」だったのである。一方、《ドン・カルロ》はちがう。じつは、すでにパリ初演に先だって台本のイタリア語訳も完成していたのだ。

イタリア語版は初演と同じ年の六月にロンドンで、十月にはボローニャでも上演されたが、そのエディションの制作には、ヴェルディじしんがかかわっていた。一八七二年十二月にナポリのサン・カルロ劇場で上演するさいには、パリで初演前にカットした部分を復活させるなどあちこちに手を入れ、

Giuseppe Verdi (1867)

Giuseppe Verdi (1886)

台本の改訂には《運命の力》改訂版（一八六九）の台本を手がけたアントーニオ・ギスランツォーニ（一八二四～一八九三）の力も借りた、さらに、そこから十年以上をへた一八八四年一月にミラノのスカラ座で上演するにあたっても、ヴェルディは大幅に手を加えている。それまで五幕だったのを第一幕の大半をカットして全四幕にしたばかりか、スコアの半分近くはオーケストレーションからなにから徹底的に書きなおしたのだ。

今日、上演時間のこともあって、この四幕版が上演されることが多いが、ときに五幕版も舞台にかかる。最近では二〇一四年二月に東京二期会が五幕版を上演したが、では、それはヴェルディが大改訂する前のエディションなのかというと、そうではない。ヴェルディの改訂はスカラ座での上演後もまだ終わらなかった。一八八六年十二月にモデナで上演するさい、第一幕を復活させ、第二幕に移していたカルロのロマンツァ（アリア）をふたたび一幕にもどすなどしたのだ。ただ、このときの音楽は一八八四年のエディションにほぼ準拠していた。東京二期会が上演した五幕版は、このモデナ版だったのである。

ヴェルディも墓場にもっていったか？

このように「脱皮」をかさねているのでややこしいけれども、《ドン・カルロ》はオペラ史上でもまれに見る、出世魚ならぬ「出世オペラ」だといえるだろう。そもそもヴェルディという人が、五十年以上にもわたって作曲をつづけるなかで、作曲技術や作劇法を磨きあげてきた典型的な成長型の作曲家だ。そして《ドン・カルロ》というひとつのオペラのなかにも、ほぼ二十年にわたるヴェルディの成長の軌跡が記録されている。

《ドン・カルロス》は初演が一八六七年だから、ヴェルディの中期最後の作品としても位置づけられるが、決定版と呼べるエディションは、一八七二年初演の《アイーダ》より、一八七四年の《レクイエム》より、さらには一八八一年の《シモン・ボッカネグラ Simon Boccanegra》改訂版よりあとに、円熟した作曲技法をもちいて濃密に仕あげられている。そこでは初演のエディションではまだもてあましがちだった六人の主役たちが有機的にからみあい、深遠なドラマを味わわせてくれる。

誕生した当初はやや冗長だったフランス・オペラを、多くの人が「墓場にもっていきたい」と願うイタリア・オペラに成長させたヴェルディ。じつは、《ドン・カルロ》という小宇宙にひしめく、道ならぬ恋から父子の葛藤にいたるまでの種々のテーマは、この巨匠の人生そのものでもある。きっとヴェルディも、墓の下で《ドン・カルロ》を胸にいだいているにちがいない。

8

二つの《オテッロ》のそれぞれの価値

本題に入るまえに二枚のフランス絵画をくらべてみたい。『ヴァルパンソンの浴女 La Baigneuse Valpinçon』（一八〇八）と『浴盤 Le Tub』（一八八六）である。まるで古代の大理石彫刻のような前者は、それぞれの線にも画面構成にもすきがない。一方、後者は湯浴みする裸婦の一瞬の動態が自在の遠近感と微妙な色彩で描かれており、生身の人間の体温までが伝わってきそうだ。

前者を描いたジャン・オーギュスト・ドミニク・アングル（一七八〇〜一八六七）は、絵画の生命は色彩よりもデッサンにあると信じ、流麗な線描にこだわった画家だ。彼のデッサンは理想の画面構成をもとめるあまり、つねに対象が様式化された。十九世紀前半、理想を追うことより自分の感性を優先するロマン主義の波が押しよせても、アングルはなお理想美にこだわりつづけ、古典主義（新古典主義）の枠から足を踏みだそうとしなかった。後者は、印象派の画家たちと行動をともにしたエドガー・ドガ（一八三四〜一九一七）の作品である。自由な視点から描かれた風俗は写実的で自然主義的だが、練りあげられた構成によって風格をかもしだしている。

さて本題である。一八八六年に初演されたヴェルディの《オテッロ》が、イタリア・オペラが到達したひとつの高みであることにうたがいを差しはさむ余地はない。ヴェルディはアリア的な独唱やコンチェルタート・フィナーレなど、イタリア・オペラの伝統を継承しつつも、アリアや重唱をつない

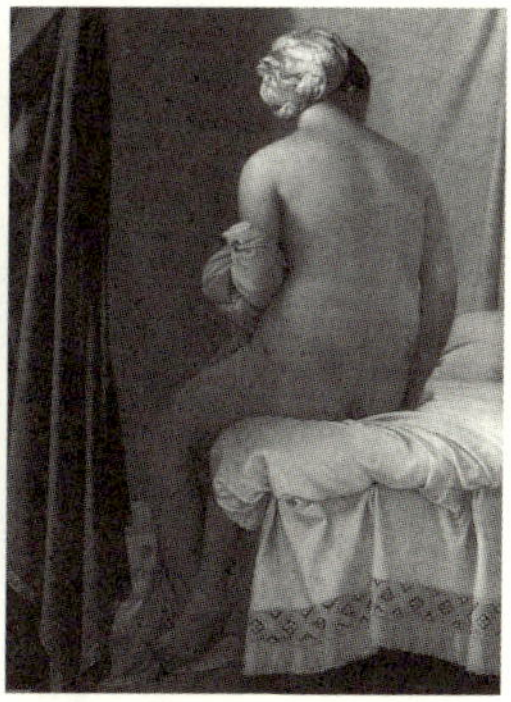

ドガ『浴盤』（左）
アングル『ヴァルパンソンの浴女』（右）

で構成され、各曲に番号がふられた従来の「番号オペラ」から脱し、ひと幕のあいだは音楽が途切れないあたらしい音楽劇の形式にいどんだ。アッリーゴ・ボーイト（一八四二～一九一八）の台本の洗練された詩句に、ヴェルディが古希を超えるまでに修得した円熟の技法を駆使して作曲した結果、言葉と音楽が一体となり、稀有な生命力をえている。

しかし、ウィリアム・シェイクスピア（一五六四～一六一六）の『オセロー Othello』にもとづくオペラには先例があった。ロッシーニの《オテッロ》は、ヴェルディの同名作が世に出るまで、各地の歌劇場の定番レパートリーだった。ここからは便宜的に「ロッシーニ版」「ヴェルディ版」と記し、両者をくらべたい。

一八一六年十二月、ナポリのフォンド劇場で初演されたロッシーニ版は、音楽と言葉の関係性がヴェルディ版と正反対だ。たとえば、第二幕フィナーレでデズデーモナは「いったい、だれから憐れみを受ける望みがあるというのでしょうか Da chi sperar pietà?」という歌詞を、「Da-chi-spe-rar-pietà-a-a-a-a-a-a」と分解し、それぞれの音節をスタッカートで強調して歌う。そのさい、単語のアクセントも無視されるので、イタリア人が聴いても意味がわからない。ロッシーニは言葉と音楽を一体化することなど歯牙《しが》にもかけていないように見えるが、するとヴェルディ版よりも劣っていることになるのだろうか。その事情を解明するまえに、オペラの内容を確認しておきたい。

台本に対する評価の差

台本が常に賞賛されるヴェルディ版に対し、ロッシーニ版は初演直後から台本の評判が芳《かんば》しくなかった。イギリスの詩人、ジョージ・ゴードン・バイロン卿（一七八八～一八二四）は、「シェイクスピアの『オセロー』は犠牲にされていた。……台本と歌詞がひどい」と書き、スタンダールも『ロッシーニ伝』にこう記している。

「陳腐なシチュエーションを探し求めたあげく、場違いなのを見つけてくるこのとんでもない無能ぶりを見せられた後では、台本についてこれ以上とやかくいうのはやめよう。ロッシーニの天才がなければオペラは救われなかったろう」（山辺雅彦訳）

ロッシーニ版の台本作者は、ナポリの知的サークルの中心人物であった侯爵、フランチェスコ・ベーリオ・ディ・サルサ（一七六五～一八二〇）だった。しかし、彼が台本の下敷きにしたのはシェイクスピアの『オセロー』ではなく、それを他者がフランス語やイタリア語に翻案した戯曲だったといわれる。そもそもシェイクスピアの戯曲とくらべることに無理があったのだ。

一方、ヴェルディ版は概してシェイクスピアに忠実だが、多少の異同もある。原作ではデズデーモナはイアーゴに警護され、ヴェネツィアからオテッロの赴任先のキプロス島にひと足さきに着いているが、ボーイトの台本ではそこにいたる経緯は省略されている。イアーゴがオテッロを陥れた動機も原作では、オテッロは自分の妻と姦通しているとイアーゴが勘ちがいしたことだとされるが、ボーイトはイアーゴに、自分は神をもおそれぬ悪の権化だと吐露させている。つまり、イアーゴを悪の象徴のように仕たてたのだ。しかし、そうした改変をへてシェイクスピアの戯曲以上の説得力をえた、と評価されることも多い。

　オテッロ役をテノールが歌い、第一幕がオテッロの凱旋ではじまるところは、それぞれの版に共通している。ただし、ヴェルディ版は嵐のなかキプロス島に到着すると、その後もキプロス島内で話が展開するが、ロッシーニ版では終始、ドラマはヴェネツィアで展開する。また、ヴェルディ版ではイアーゴ役をバリトンが歌うのに対し、ロッシーニ版ではテノールが歌い、登場場面が少なく独唱はひとつもあたえられていない。かわりにテノールが歌うロドリーゴ役が、オテッロの恋敵として主役級にあつかわれ、全曲中で最も技巧的なアリアを歌う。

William Shakespeare

　ロッシーニ版には悲劇へと導く小道具として名高いハンカチは登場しない。かわりにオテッロは、デズデーモナが自分に宛てた手紙を、ロドリーゴに宛てたものだと勘ちがいさせられるのだ。そもそもロッシーニ版の第一幕、第二幕はシェイクスピアからは遠い。一方、第三幕はハープの伴奏で歌われる「柳の歌」の悲痛な心情表現など、シェイクスピアの世界に誘われる感もある。そしてデズデーモナは刺殺ではなく絞殺され、オテッロは自殺する。舞台上での殺人と自殺を、厳しかったナポリの検閲当局がよく許可したもので、ハッピーエンドが常識だった当時、このような悲劇的結末は革新的だった。

「ベルカント」と「強靭な朗唱」

ヴェルディ版で音楽と言葉がみごとに一体化しているのは、ヴェルディの力量もさることながら、ボーイトの台本に拠るところが大きい。では、ロッシーニ版で一体化していないのは、台本に不足があったからなのか。そうではない。ロッシーニはあえて一体化させなかったのである。

十八世紀のナポリ派のオペラ・セリアとくらべると、ロッシーニの音楽の革新性はあきらかだ。ナポリ派のセリアは歌手が妙技を披露できるアリアを数多く配置し、それをチェンバロの伴奏によるレチタティーヴォ・セッコでつないでいた。それに対し、ロッシーニは重唱を多くもちい、レチタティーヴォも管弦楽で伴奏し、大規模なアンサンブルを採用するなどして劇的迫真性を追求した。数を絞ったアリアも、単純なダ・カーポの形式のものは排除している。

同時にロッシーニが追求したのが声である。初演でデズデーモナ役を歌ったソプラノのイザベラ・コルブラン（一七八五〜一八四五）は、超絶技巧と劇的表現で他の追随を許さなかった。オテッロ役を歌ったアンドレア・ノッツァーリ（一七七五〜一八三二）はバリトンのような力づよい声をもつヴェテランのテノール（バリテノーレ）。ロドリーゴ役を創唱したテノールのジョヴァンニ・ダヴィド（一七九〇〜一八六四）は高い音域が得意で、フィオリトゥーラ（旋律に花のように装飾をほどこすこと）を柔軟に表現できたという。ロッシーニはこうした歌手たちの力量を前提に技巧的な曲を書きつらね、彼らの変奏の力も借りて旋律が理想的に輝くことをねらったのである。

ロッシーニが歌詞の意味もアクセントも無視するかのように作曲したのは、音楽美をきわだたせるには、歌詞に縛られるべきではないという信念のあらわれだ。ロッシーニにとって音楽は、言葉の意味を映す以前に、それ自体として理想的でなければならなかった。先に挙げた「Da chi sperar pietà?」という歌詞でいえば、最後の「a-a-a-a-a-a」は一つひとつの「a」の音型はおなじでも、徐々に音高は上昇し、力強いアジリタになる。歌詞よりも、様式をふまえた理想的な音楽で力強さをあらわすことが優先されたのである。

Isabella Collbran

ヴェルディにもどろう。この巨匠は中期の《仮面舞踏会》あたりから一部の例外をのぞいて旋律への装飾を排除して、音楽をドラマに奉仕させることに腐心し、そうして登りつめた高みが《オテッロ》だった。こちらのタイトルロールを初演で歌ったフランチェスコ・タマーニョ（一八五〇〜一九〇五）の声は、ロッシーニ版でオテッロ役を歌ったノッツァーリのような柔軟性に欠け、技巧的な表現にも適さなかったようだ

Francesco Tamagno

が、かわりに強靭《きょうじん》な声で朗唱することができ、燦然《さんぜん》と輝く高音もそなえていた。嫉妬で身を滅ぼすムーア人の将軍の揺れる心は、そういう声でなければ描けなかったのである。

二つの《オテッロ》のちがいはアプローチのちがいであり、「進歩史観」で評価すべきではない。アングルが線と構図の理想美のなかに、現実から独立した絵画の自律性をもとめたように、同時代のロッシーニもまた音楽の理想美を追い、ロマン主義の潮流とは一線を引いた。ヴェルディは、描く対象の内奥にせまろうとしたドガのように、人間の心理の襞《ひだ》までを音楽で描こうとし、音楽と言葉の一体化を追いもとめた結果、逆説的だが、作品は古典的に彫琢《ちょうたく》された美をえるまでにいたった。

冒頭で紹介した二枚の絵画。古いアングルの絵はルーブル美術館に、あたらしいドガの絵はオルセー美術館に収蔵されている。どちらの美術館がすぐれているかという問いがナンセンスであることは、いうまでもない。

9 歴史劇《アンドレア・シェニエ》がなぜ庶民の日常を描いた「ヴェリズモ」か

「ヴェリズモ Verismo」と聞いて、イメージしやすそうでそのじつ、とらえどころがないと感じる人が多いようだ。ウンベルト・ジョルダーノ（一八六七〜一九四八）作曲の《アンドレア・シェニエ Andrea Chénier》（一八九六年初演）も、一般にヴェリズモ・オペラのひとつとして紹介されている。しかし、「どうしてヴェリズモ・オペラに分類されるのか」と聞かれたら、戸惑いかねない。というのも、たとえば『オペラ辞典』（音楽之友社）で「ヴェリズモ」の項をひくと、

「それ以前の英雄伝的な台本ではなく、日常生活の現実的な出来事を扱った台本が選ばれ、音楽はイタリアふうの旋律美を保ちながらも、あくまでも劇的効果を追求した」

Umberto Giordano

と書かれている。フランス革命前後が舞台の史劇《アンドレア・シェニエ》のどこが「日常生活の現実的な出来事」なのか、という疑問が生じるのも、もっともな話である。

ヴェリズモとは、「真実」や「事実」を意味するイタリア語「ヴェーロ Vero」に「主義」をあらわす接尾辞「イズモ ismo」がついた語で、「真実主義」「現実主義」と訳される。そもそもはエミール・ゾラ（一八四〇〜一九〇二）やギ・ド・モーパッ

サン（一八五〇～一八九三）ら、フランスの作家がはじめた自然主義文学を源流とする文芸運動で、イタリアではシチリア島のカターニアに生まれた小説家ジョヴァンニ・ヴェルガ（一八四〇～一九二二）が運動の先頭に立った。はじめて世に問われたヴェリズモのオペラ版は、マスカーニが作曲した《カヴァッレリーア・ルスティカーナ》だ。楽譜出版のソンツォーニョ社が一八八八年に主催した一幕もののオペラ・コンクールで第一位になり、一八九〇年にローマで初演されて熱狂的に受け入れられたこのオペラは、ヴェルガの同名の短編小説と、それを原作にして当時大ヒットした演劇をモデルにしている。

Giovanni Verga

「道徳」から「肉欲」へ

オペラにおけるヴェリズモの先駆がフランス人のジョルジュ・ビゼー（一八三八～一八七五）の《カルメン Carmen》（一八七五年初演）である。国はちがうけれど、《カルメン》も《カヴァッレリーア・ルスティカーナ》も南部が舞台で（《カルメン》は南スペインのセビリャ）、ともに嫉妬がドラマを推進する動機になっており、血なまぐさい結末を迎える。そしてイタリアにおけるヴェリズモ・オペラは、南部出身のヴェルガが故郷や周辺のまずしい暮らしを描いたこともあって、南部の庶民の日常を写実的に、扇情的に描くというスタイルが定着した。

この時代のオペラをになったイタリアの作曲家たちは、「若き学派（ジョーヴァネ・スクオーラ Giovane Scuola）」と呼ばれた。マスカーニやジョルダーノのほか、プッチーニ、ルッジェーロ・レオンカヴァッロ（一八五七〜一九一九）、アルフレード・カタラーニ（一八五四〜一八九三）、フランチェスコ・チレーア（一八六六〜一九五〇）、アルベルト・フランケッティ（一八六〇〜一九四二）といった面々で、取りあげる題材も、その描き方も、オペラが中産階級に浸透するなかで以前と変わってきていた。ロマン主義の時代にはヴェルディが典型的だが、人としての義務や責任、あるいは政治的状況や階級のちがいが原因で生じる矛盾と、それによって苦しむ人たちの心の葛藤などがテーマとされることが多かった。平たくいえば道徳的だったのだが、ヴェリズモ・オペラのテーマからは道徳性が失われ、かわりに男女間の愛、もっといえば肉欲が主題とされることが多くなった。

Pietro Mascagni

とはいえ、南部の日常が題材のヴェリズモ・オペラは、一般には《カヴァッレリーア・ルスティカーナ》のほかにレオンカヴァッロの《道化師》（一八九二年初演）くらいしか思い浮かばない。辞典的な定義にあてはまる狭義のヴェリズモ・オペラは多くないのだ。聴衆は最初こそ、描かれた「現実」の強烈な刺激の虜《とりこ》になったが、南部の日常では題材にかぎりがあった。そのうえ裾野《すその》が広がっても富裕層が中心だったオペラファンは、貧しい人たちが引き起こす血なまぐさい事件ばかりが劇場に陳列されるのを歓迎するはずもなかった。

結果として、写実的で、扇情的で、「劇的効果を追求した」ヴェリズモの音楽と作劇法はそのまま踏襲しながら、もっと広く題材をもとめるようになったのだ。たとえば《堕落した生活 Mala vita》（一八九二年初演）で、ナポリの人夫と娼婦の世界を扇情的に描いたジョルダーノが、《アンドレア・シェニエ》ではフランス革命期の詩人を描いたり、マスカーニが《イリス Iris》（一八九八年初演）で日本の娼婦を描いたりと、歴史や異国趣味のなかに題材をもとめたのである。

「現実」を雄弁に表現しようとした結果

いずれにせよ、この時代のオペラには、激しい求愛、嫉妬、喧嘩、裏切りといったものが頻繁《ひんぱん》に描かれるようになったことに変わりはない。その結果、歌唱も大きく変化した。すでにロマン主義の到来とともに、歌はそれまでの装飾的なベルカントから、人間の感情をより直接的にあらわすスタイルに変わっていた。それでもヴェルディは、ピアノとフォルテや明と暗の細やかなコントラストをつうじてニュアンスをあらわすように歌手に要求した。しかしヴェリズモが流行した時代には、人間の情念が激しくストレートに表現されるようになったのだ。

具体的には、歌手たちは豊麗で官能的な響きをえるために中音域を厚く、暗くしようと努め、結果として、いつも声を張りあげていないと響きがそこなわれ、音程もぶれるという傾向が強くなった。ベルカント時代の作品はもちろん、ヴェルディのオペラも、声を張りあげてばかりでは作曲家の要求にこたえられない。ところがヴェリズモ・オペラは巨大な声、激しい声を許容した。だから歌手たちは、オペラに描かれた「現実」を雄弁に表現するために、声を張りあげ、それどころか時に興奮してさけんだり、しゃくり上げるように泣いたり、激情的に哀願したりするようになったのである。

こういう芝居がかった歌い方は伝統的な声楽の様式の対極にあり、それが市民権を得た影響は大きかった。ヴェルディばかりかそれ以前のオペラまでが、こうしたスタイルで歌われることが多くなってしまったのだ。美しい音色に留意し、強弱や明暗を柔軟にほどこし、レガートをやわらかく歌い、優美なアクセントをつけるという古きよき表現法は軽視され、官能的で衝動的な効果が優先されるようになり、その影響は前世紀半ばの「歌手の黄金時代」と呼ばれた時代にまでおよんだ。

もちろん、そんな潮流のなかにあっても、テノールを例にとれば、先の「若き学派」が書いたオペラを多く初演したエンリーコ・カルーゾ（一八七三～一九二一）をはじめ、ティート・スキーパ（一八八八～一九六五）やベニャミーノ・ジーリ（一八九〇～一九五七）らは、残された録音を聴いても、優雅な響きとやわらかなレガートという前ヴェリズモ的な表現力をそなえていたことがわかる。こうした歌手がときおり輩出し、古きよきスタイルを守ったことは明記しておきたい。

ちなみに、二〇一六年四月に新国立劇場で《アンドレア・シェニエ》のタイトルロールを歌ったウルグアイ出身のテノール、カルロ・ヴェントレ（一九六九～）は、豊かな中音域を活かしながらも高音への移行が自然で、レガートはやわらかく美しかった。ヴェリズモ・オペラが流行した時代の歌手たちがはまった力こぶが入った表現は、必ずしも作曲家が要求したものではない。《アンドレア・シェニエ》も前ヴェリズモ的に歌われてこそ、作品の魅力がより引きだされるはずである。

10　原作と異なる《ラ・ボエーム》のミミが創作されるまで

いちばん好きなオペラはなにかと聞かれ、プッチーニの《ラ・ボエーム》だと答える人は多い。その理由は、若い恋人たちの純愛が中心にすえられた等身大の青春物語で共感を呼びやすいこと、涙と笑いが織りまぜられた物語が、美しく流麗な旋律や色彩的な管弦楽でささえられた詩情豊かな音楽に彩られていることなどが挙げられるだろう。

この魅惑的な物語の中心にいるのはお針子のミミである。そのイメージは控えめで愛情豊かな女性で、恋人である詩人のロドルフォと別れるのも、まずしい屋根裏部屋ぐらしでは自分の病気が悪化して苦労をかけるからと、みずから身を引くのだ。それでも肺結核に勝てず、最後はロドルフォとともに過去の幸福な日々を追想しながら息を引きとる。清楚《せいそ》で、内気で、恋人に尽くして逆らわない。そんなヒロイン像である。

ちなみに、プッチーニが女性の描写に強くこだわったことは、オペラの題名からもわかる。ヴェルディは改作をふくめて二十八作のオペラを遺したが、題名に女性の名前を冠した作品は、「道を外れた女」を意味する《ラ・トラヴィアータ》をふくめても、《ジョヴァンナ・ダルコ》、《ルイーザ・ミラー Luisa Miller》(一八四九初演)、《アイーダ》など数えるほどしかない。一方、プッチーニは、「三部作」を一作ずつ数えても、生涯にオペラを十二作しか書かなかったのに、《マノン・レスコー》、《トスカ》、《蝶々夫人》、《西部の娘 La Fanculla del West》（一九一〇年初演）、《つばめ La rondine》（一九一七年初演）、《修道女アンジェリカ Suor Angelica》（一九一八年初演）、《トゥーランドット》と、ヒロインの名前やあだ名をタイトルにした作品が全体の過半数を占めるのだ。

放浪芸術家（ボヘミアン）を意味する《ラ・ボエーム》は、これら「過半数」からは漏《も》れるが、ヒロインが大きな存在感をはなっている点で、女性の名を題名にした作品に負けていない。プッチーニの理想とおぼしき、控えめで清楚なミミが典型的に描かれているのが、次の二つの場面である。

ひとつは第一幕のミミが登場する場面。ボヘミアンたちの快活で滑稽なやりとりから一転してシリアスな空気が流れ、ミミがロドルフォの部屋のドアをノックする。そのさい、ミミはまず声だけが聴こえてから姿をあらわす。男の主役であるロドルフォは幕が開いたときから舞台上にいるのに、ミミは話が進んでからもったいぶったように登場する。女性は最初に声だけが聴こえるのは、プッチーニが二作目の《エドガール Edgar》（一八八九年初演）以来、《トスカ》や《蝶々夫人》にも好んでもちいた手法だ。そして、弦とクラリネットが清楚で病弱なミミを象徴する動機を奏で、二人の出逢いが甘美に描かれると、それぞれが自己紹介のアリアを歌ってすっかり相思相愛に。情熱的な二重唱を歌いながらカルチェ・ラタンのカフェ・モミュスに出かけていく。現実社会では「初対面」の男女がこれほど短時間で恋人関係になってしまったら、軽薄の烙印を押されそうだが、聴き手は詩情あふれる甘美な音楽の術中にはまって納得させられてしまう。オペラ・マジックである。

二つめはミミが死ぬ場面だ。舞台は第一幕とおなじ屋根裏部屋で、やはりボヘミアンたちが戯《たわむ》れる快活な音楽に、とつぜん楔《くさび》を打ちこむように短調の和音が響くと、病気が原因でロドルフォと別れていたミミが瀕死の状態で、ムゼッタにささえられてかつぎこまれる。かつての恋人どうしがこうして再会すると、出逢ったときや仲むつまじかった当時のできごとが、その場面で演奏された動機を再現しながら回想される。動機（ライトモティーフ）とは特定の場面や状況などをあらわす短い主題のことで、とくにワーグナーが推しすすめたものだが、プッチーニも動機を効果的に使った。ことにここ第四幕後半では、第一幕のアリアの旋律も多用しながら、初出では上行していたものを下行させたり、長調を短調にあらためたりして、聴き手の涙腺を刺激する。テレビドラマで過去のシーンが象徴的なメロディーといっしょに回想されて視聴者の涙をさそうことがあるが、《ラ・ボエーム》の第四幕後半は、その先がけといえるだろう。

ところが、これらの場面は二つとも原作には存在しない。台本作家の、というよりは事実上、プッチーニの創作なのである。

自由奔放で男と男のあいだを渡り歩くミミ

原作はフランスの作家、アンリ・ミュルジェ（一八二二〜一八六一）の『放浪芸術家（ボヘミアン）たちの生活情景 Scènes de la vie de bohème』（一八五一）という、タイトルどおりに若く貧しい芸術家たちのくらしの「情景」を連ねた作品だが、そこでミミとロドルフォの二人はおおよそ次のように描かれている。

――二十二歳のミミはかつてロドルフ（フランス語だとロドルフになる）の友人の恋人だったことがあり、ロドルフとも一時、恋人のような関係になったが別れてしまう。ところがある日、ロドルフが家賃滞納でアパートを追いだされると、入れちがいにその部屋を借りたのが元カノのミミだったので、ロドルフは彼女の部屋に転がりこんで同棲がはじまる。ところが、質素なくらしに耐えられないミミはロドルフと別れ、いちど復縁するもふたたび別れて子爵の愛人になる。子爵と破局したのちミミはロドルフに会いにいくが、すでに病気が悪化していて慈善病院に入るほかなくなり、連絡係の医学生の手ちがいで、死に目にロドルフと会うこともできない。

ミミは自由奔放《ほんぽう》に男と男のあいだを渡りあるく女であって、ロドルフと劇的に出逢ってたがいに恋におちたわけでも、愛を語らいながら天に召されたわけでもないのである。

原作でミミがどのように描かれているか、いくつか引用してみたい。

「ロドルフの新しい恋人でシンバルのような響きをもった、やかましい声をたてる綺麗なミミ」

「ミミはあらゆるお酒を、そこにあった盃《さかずき》を皆つかって飲み

Henri Murger

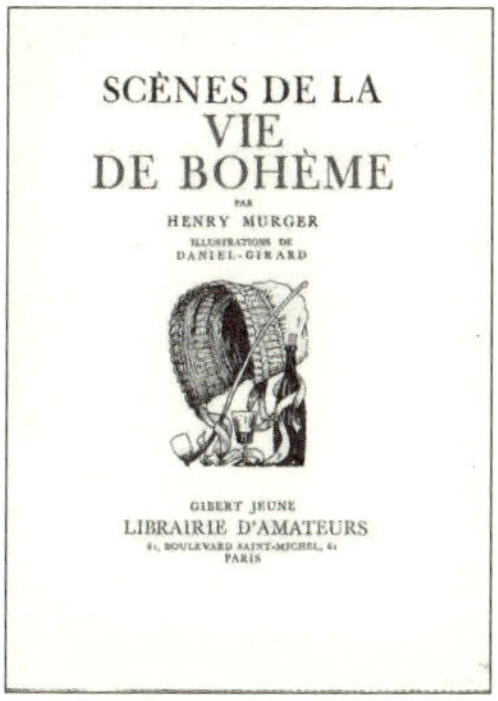

『放浪芸術家たちの生活情景』

ロドルフォとミミの出会い　(2016年新国立劇場《ラ・ボエーム》公演より　撮影：寺司正彦　提供：新国立劇場)

ました」

可憐で清楚なイメージが壊れてしまうようだが、さらにこう描写されている。

「顔は貴族的な面影が感じられるが、青く澄んだ瞳に静かに光っている一種の柔らかさを持つその顔つきは、面倒な時とか、機嫌の悪い時などには、殆ど野獣のようだと言っていいような残忍な顔になることがあります。面相学者に言わせれば、これは深い利己主義か、非常な薄情な性質を示すものだと言うでしょう」

ミミの素行をあらわす描写としては、友人がロドルフにいい聞かせたというこんなものもある。

「友達はミミが彼を馬鹿者のように、家でもよそでも欺いていた事や、あの肺結核の天使みたいな蒼ざめた女は、性質の悪い感情としぶとい本能とを詰めた宝石箱のようなものであると、一々その証拠を挙げて聞かせました」

ロドルフを「欺いて」いた「性質の悪い」ミミは、じっさい彼を捨ててポールという子爵のもとへ走ってしまう。もっとも、十九世紀中ごろまでのパリでは、お針子などグリゼットと呼ばれた身分の低い女性たちの多くが地方出身で貧しく、金のある男性の庇護のもとに生きる例はめずらしくなかった。とはいえ、第一幕の「私の名はミミ Si. Mi chiamano Mimi.」で、暖かい春を待ってつましく暮らす控えめな女だと自己紹介するナイーヴなミミとは、イメージがかけ離れている。

ちなみに、オペラのロドルフォにも純愛ドラマにふさわしいイケメンを想像しがちだが、原作にはこう描かれている。

「色んな色をした髭がひどく生い茂って叢《くさむら》のようになり、その中にまるで顔が隠れこんでいるような人相をしていました。ところがその男の額は年にも似合わずすっかり禿げ上がり、ちょうど膝頭のよう、一本一本数えられそうなその髪の毛で禿げた所を隠してはいるもののどうにも禿げの方では隠れない」（いずれも森岩雄訳）

書きなおしにつぐ書きなおしで創作された「理想」

どうしてミミは原作からこうも変化したのか。《ラ・ボエーム》の台本は原作からミミとロドルフの逸話を中心にいくつかの筋書きを抜きだし、ルイージ・イッリカが書いた初稿をジュゼッペ・ジャコーザが洗練された韻文に仕あげるという段取りで書かれたが、完成までに三年以上を要している。プッチーニが、新しい着想がひらめくたびに台本作家たちに書きなおしを命じたからだ。

一例を挙げれば、当初は「アンフェール関門」のあと、現在の第三幕にあたる雪のなかの別離の場面につづいて「中庭の幕」が置かれ、すでに台本も完成していた。ムゼッタの家の中庭でパーティーが開かれる場面で、すでにロドルフォと別れていたミミはそこで子爵と出逢って駆け落ちするのだ。原作に通じるボエームたちの恋愛観をしめす重要な幕のはずだったが、プッチーニはまるごと削除するように命じた。さすがにイッリカは怒り心頭に発したようで、楽譜出版主のジューリオ・リコルディ（一八四〇～一九一二）に手紙で、ミュルジェのミミはもっと複雑であり、たんに愛しあって喧嘩し、最後に死ぬだけではもはや《ラ・ボエーム》ではないと苦情を述べている。イッリカの手紙の書き方から判断するには、プッチーニはミミとロドルフォが別れるところを見せたくなかったのだ。

結果として、オペラでは子爵の存在がほとんど感じられない。第三幕でミミのもとから飛びだしてきたロドルフォがマルチェッロに「ミミはだれにでも媚《こび》を売る浮気な女で、気どった子爵から色目を送られれば、スカートをまくりあげて足を見せ、気を引こうとする」と話すが、すぐに発言を否定し、彼女は病気なのだと訴えるので、聴き手に子爵の存在がひっかからない。第四幕でも瀕死のミミを屋根裏部屋に運んできたムゼッタが「聞いたところでは、ミミが子爵の息子のところから逃げだしたときには、命の終わりに近かったって」というが、「中庭の幕」がないから、いきなり「子爵」といわれても聴き手はなんのことかわからない。

また、第四幕では、プッチーニはミミの死の瞬間がもの足りないと指摘し、「ここで、愛するあなたとずっといっしょに…… Qui⋯amor⋯sempre con te!」という台詞まで自分で書き加えてしまった。こうしてプッチーニが、あまりに頻繁に台本への不満を口にしては変更を命じたものだから、イッリカはたびたび愚痴をこぼし、ジャコーザも一度は台本制作から身を引くと宣言したほどである。原作の奔放で打算的なミミは、こうして愛にひたむきな内気な女性としていちじるしく理想化され、純愛の象徴のように描かれた恋人たちの出逢いとミミの死の場面は、大幅に拡張されたのである。

じじつ、《ラ・ボエーム》の台本の前書きにはジャコーザとイッリカの署名で、こう書かれている。

「二人の陽気だが、繊細で不幸な娘たちは《ラ・ボエーム》の劇中で、ミミとフランシーヌという名前のかわりに『理想Ideale』と呼ぶべきひとりの登場人物によって代表されている」

原作にはフランシーヌという登場人物がおり、ミミとフランシーヌという二人の娘の「いいとこ取り」をして、ミミという「理想」を創造したわけである。じつはミミとロドルフォとの出逢いも、フランシーヌと恋人のジャックという、オペラには登場しないボエームたちの出逢いの場面を参考に書かれたという。また、第四幕の終盤で瀕死のミミを前にしたムゼッタに、神にミミの命乞いをしながら「ミミは空にいる天使 angelo のようなんです」といわせているのも、ミミが「理想」であることの証左だろう。

Giuseppe Giocosa

Luigi Illica

個人的な関心事に生きるヒロインたち

ここでプッチーニのリアリズムについて考えたい。《ラ・ボエーム》が初演された一八九六年は、一八九〇年にマスカーニの《カヴァッレリーア・ルスティカーナ》が、一八九二年にレオンカヴァッロの《道化師》が初演されてから間もないヴェリズモ・オペラの全盛期だったから、《ラ・ボエーム》もとうぜんその影響を受けており、写実的な描写は多い。

第一幕の冒頭から、暖炉にくべるために紙をちぎる音や、ストーヴが燃えあがって消えるまでの音などが描かれる。第三幕では、雪が降る音が下行音型でしめされ、馬をつなぐ道具の音から近くの居酒屋でグラスが当たる音までが、近代的な管弦楽法によって表現されている。第四幕でミミが弱るにつれて管弦楽もまた細っていくところなども、まさにリアリズムである。

こうして写実表現にこだわったプッチーニだが、ボエームたちにボエームらしく社会の規範に縛られず気ままに行動させることは、とくにご執心のヒロインについてはためらった。結果として、原作ではあいまいなミミとムゼッタの性格が鮮明に描きわけられ、プッチーニの作劇上の手腕がうかがい知れるが、そこにはプッチーニ独自の女性観も介在しているように思われる。

逸話をひとつ紹介したい。《ラ・ボエーム》の制作に本格的に取りくむ直前、プッチーニはリコルディの勧めで《カヴァッレリーア・ルスティカーナ》の原作者であるジョヴァンニ・ヴェルガの『雌狼 La lupa』のオペラ化を検討したが、共感できる登場人物がいないことを理由に断念している。具体的には「雌狼」と呼ばれた女の娘でマリッキアと呼ばれる役を拡大し、もっと心やさしく同情がえられるようにしたいという主張が受け入れられなかったのだ。ヒロインの「理想化」が許されなかったからオペラ化を断念した、とも受けとれる。

プッチーニがオペラを書くにあたっては女性の「理想化」が不可欠だった。男女が幕が上がってから恋に落ちるのは、その手段のひとつだろう。たとえばモーツァルトの《フィガロの結婚》では、フィガロとスザンナは最初から愛しあっている。ヴェルディの《ラ・トラヴィアータ》も、アルフレードは幕が開いたときからヴィオレッタに思いを寄せており、《アイーダ》のラダメスとアイーダもはなから相思相愛だ。しかしプッチーニのオペラは、《マノン・レスコー》ではデ・グリューがマノンに一目ぼれし、《蝶々夫人》もピンカートンと蝶々さんは舞台上ではじめてたがいを認識しあう。《西部の娘》《つばめ》も同様だ。そして出逢いの場面には、いつも甘美な旋律と色彩的な和声をもちいた陶酔的な音楽をあてがい、聴き手を「純愛」という虚構にいざなう。

つぎに、ミミが愛のためだけに生きたように、プッチーニのヒロインの関心はおおむね個人的な事柄にしか向かない。ヴェルディのヒロインは、ヴィオレッタは肺病で死ぬのはミミとおなじでも、恋人の父から別れを強いられ、じしんの愛を犠牲にする。

ところが、プッチーニのヒロインは、ヴェルディのヒロインのように道徳的判断を強いられない。マノンはなにも決断しないままアメリカの荒野に流され、死んでいく。トスカの自殺も追いつめられた結果だ。警視総監スカルピアという「悪」を殺したのも、関係をせまられての衝動的な行動だろう。その証拠に、直前に歌うアリア「歌に生き、愛に生き Vissi d'arte, vissi d'amore」は「私は芸術と愛（カヴァラドッシへの愛ではなく、キリスト教徒としての神への愛だと思われるが）のために生きて悪いことはしなかった」と、個人的な思いや関心に従って生きてきたことを告白する内容である。

道徳性の欠如は、リソルジメント（国家統一運動）が成しとげられて目標が失われる一方、小市民的な価値観が台頭してきたこの時代の特徴であり、ヴェリズモの流行とともに席巻した写実主義の一般的な傾向でもある。けれども、プッチーニ個人の性質にも由来しているのではないだろうか。実生活におけるプッチーニは女性関係が奔放で、たびたびトラブルを招いた。女性を一人前の人間としてあつかわなかったのだろうか。プッチーニが描くヒロインはみな、どこか未熟で、男にとって都合のいい女である。

みずから命を絶つリュー（2008年新国立劇場《トゥーランドット》公演より　撮影：三枝近志　提供：新国立劇場）

最後のオペラ《トゥーランドット》に登場するリューは、自分以外の女に心を奪われている男を思いつづけ、とうとう命を犠牲にして片思いの男を助ける。じつに男性本位の女性像だが、十八世紀後半に書かれたカルロ・ゴッツィ（一七二〇〜一八〇六）の原作にリューはいない。プッチーニはここでも、レナート・シモーニ（一八七五〜一九五二）とジュゼッペ・アダーミ（一八七八〜一九四六）という二人の台本作家に再三指示し、陰の主役としてリューを創作したのだ。

そして理想の女性像の描写に執念を燃やしたプッチーニらしく、リューの自己犠牲の場が絶筆となった。

11 ロッシーニ最後のイタリア・オペラとプッチーニ最後のオペラのあいだにあるもの

偶然だったのか。意図して並べたのか。意図したのであれば、さすがは二〇一四年にイギリスの国際オペラアワードで「最優秀オペラハウス」に選ばれただけのことはある。チューリッヒ歌劇場、目のつけどころがさすがである。

二〇一五年十二月、湖畔にたたずむこの美しい歌劇場をおとずれた。二十六日にプッチーニの《トゥーランドット》、二十七日にロッシーニの《ランスへの旅》を鑑賞したが、演目の並び方が絶妙だったのだ。プッチーニが一九二四年十一月に亡くなるまで書きつづけ、一九二六年四月にミラノのスカラ座で初演された《トゥーランドット》は事実上、イタリア・オペラの華やかな歴史の最後をかざる大作といえる。一方、一八二五年六月にパリで初演された《ランスへの旅》は、同時代にヨーロッパじゅうを熱狂につつんだロッシーニが、イタリア語の台本に作曲した最後のオペラだ。

それぞれがイタリア・オペラ史に大きな区切りをつける作品で、しかも二作が初演された時期にちょうど百年の開きがある。それを連続上演するとは、実践的なオペラ史の講義のようではないか。事実、ドニゼッティ、ベッリーニ、そしてヴェルディも、またレオンカヴァッロやマスカーニ、チレーア、ジョルダーノらヴェリズモ・オペラを主導した「若き学派」の作曲家たちも、ほとんどの作品をこの百年間に作曲し、初演している。この二作は、いわばイタリア・オペラ史の中核をくくる大

チューリヒ歌劇場（撮影：筆者）

きな「カッコ」なのである。

ベルカントの展覧会と大出力のスーパーカー

実際に聴いた順と逆だが、《ランスへの旅》から解いていく。この作品はフランス国王シャルル十世の戴冠を祝う機会作品であると同時に、ロッシーニがはじめてパリのイタリア劇場で上演するために書いたオペラで、この作曲家がこだわった古典的様式美と華麗な装飾歌唱による「ベルカント」の頂点に位置づけられる。当時、パリのイタリア劇場にはイタリア本国よりもすぐれた歌手がそろっていた。ロッシーニはそれを前提に十八人ものソリストを必要とし、十四声の大アンサンブルもあるこのオペラを作曲した。卓越した名歌手たちがそれぞれ、自分の声のもち味とテクニックを最大限に発揮できるようにアリアや重唱をならべることで、ロッシーニじしんが追いもとめた理想の芸術の展覧会のように仕たてたのである。

洒脱で機知に富み、いずれの役にも声を機敏に動かしながらフレーズを飾ることが課される。のちの時代とちがって喜怒哀楽を直接的にあらわす歌ではないが、ロッシーニはこうした抽象表現で精神の躍動を描いたのだ。このような声の用法は、十八世紀にカストラートたちが磨き、ロッシーニが洗練させたもので、当時の歌手は声を敏捷《びんしょう》にまわせなければ仕事にならなかった。

チューリッヒではイタリアの若手指揮者「三羽烏」のひとりとされるダニエーレ・ルスティオーニ（一九八三〜）が、古典的な様式感をふまえた音楽づくりで「二大ソリスト集団」をまとめ上げた。ただし、演出のクリストフ・マルターラー（一九五一〜）はシンプルな物語がお気に召さないのか、ト書きにない場面をたくさん織りまぜてドタバタ劇のようにしてしまい、高貴な歌にそぐわないことこのうえない。終演後、ルスティオーニに「演出の意味がまったくわからなかった」と告げると、彼は「自分にもぜんぜんわからない」と正直に打ちあけてくれた。

チューリヒ歌劇場でのロッシーニ《ランスへの旅》

歌手は女声ではコリンナを歌ったローザ・フェオーラ（ソプラノ、一九八六〜）の気品あるフレージング、フォルヴィル伯爵夫人役のジュリー・フュシュ（ソプラノ、一九八四〜）の華やかで正確な装飾技巧、コルテーゼ夫人役のセレーナ・ファルノッキア（ソプラノ、一九七一〜）の安定感のある端正な歌唱が印象的だった。男声ではリーベンスコフ伯爵を歌ったハビエル・カマレナ（テノール、一九七六〜）の圧巻のアジリタと超高音、騎士ベルフィオーレ役のエドガルド・ロチャ（テノール、一九八三〜）のみずみずしい声と端

チューリヒ歌劇場での《トゥーランドット》

正なフレージングが心に残った。

つづいて《トゥーランドット》である。咽頭《いんとう》がんを患っていたプッチーニは、若い奴隷娘のリューが主人のカラフを守るために自害する場面まで書いたところで、手術のショックが原因で急死してしまい、残りはプッチーニの草稿にもとづいて弟子のフランコ・アルファーノ（一八七五〜一九五四）が作曲した。しかし、献身的な奴隷娘が自分をたすけるために犠牲になった直後に、ひたすらトゥーランドット姫に求愛しつづける無神経なカラフという男が聴衆の共感をえるだけの音楽を、残念ながらアルファーノは書けていない。そのことに引っかかると、《トゥーランドット》の本質を見失ってしまいかねないが、やはりこの作品はプッチーニの最高傑作ではないだろうか。

プッチーニのオペラはいずれも、いかにもイタリアを思わせるロマンティックな旋律が満ちているから、伝統的なスタイルの作品であるかのような印象を受けがちだが、じつはこの作曲家は流行に敏感で、それを吸収して使いこなす技量にもこと欠かなかった。一作ごとに和声やオーケストレーションで新しい試みに挑戦し、《トゥーランドット》はその集大成といえる。オーストリア生まれのアルバン・ベルク（一八八五～一九三五）が作曲し、基本的に無調音楽で書かれた《ヴォツェック Wozzeck》が同時期（一九二五）に初演されているが、じつは《トゥーランドット》は前衛性で引けをとっていない。そのうえ大規模なオーケストレーションに中国の鐘やタムタム、チェレスタなどの楽器も加え、高度で複雑な表現を通じて異国情緒をたくみにあらわしている。その一方で、プッチーニらしいメロディーの魅力も失われていない。華麗なスタイルはそのままに大出力のエンジンを搭載し、緻密なチューニングをほどこして洗練させ、乗り心地もよくしたスーパーカーみたいなオペラに仕上がっているのである。

チューリッヒでは指揮のアレキサンダー・ジョエル（一九七一～、ちなみにビリー・ジョエルの異母弟である）が細部をていねいにつむぎながら、悲劇と喜劇、叙情性が複雑に入りくんだこの作品を、堅固な一大伽藍《がらん》のように構築した。だが、オーケストレーションが巨大で複雑であればあるほど、歌手にはそれを突きぬける声がもとめられる。プッチーニの思い入れが深いリューが歌うパートだけは純粋さや哀感が叙情的に表現される一方で、トゥーランドットが声を極限まで張りつめて上昇させる第二幕のアリア、それにつづくカラフとの声のかけあいがユニゾンでハイC（三点ハ）に達するところなどは、迫力満点。豊麗な声のシャワーを浴びる醍醐味に満ちている。

スウェーデン出身のドラマティックソプラノ、ニーナ・シュテンメ（一九六三～）のトゥーランドットは、ふくよかで濃密な声を最高音まで無理なく響かせて圧巻だった。またカラフ役のテノール、リッカルド・マッシ（一九七六～）も、もち前のリリカルな響きを活かし、押しだすように歌われることが多いこの役に陰影をあたえ、直情的な人物像に深みを加えていた。

異なる様式のオペラをつづけざまに楽しめる幸せ

軽やかな声で旋律を飾り、美へと昇華させたロッシーニの表現からは、ずいぶん遠いところにきたものだ。《ランスへの旅》はアクロバティックなまでの技巧で彩られた声の競演だったが、《トゥーランドット》は、人間の限界に挑戦するかのような極大化された響きをふくめ、声そのものが洪水のようにあふれている。しかし、アプローチこそちがっても、われわれ聴き手がカタルシスをえられるという点で両者は共通しているのだ。

この二作のあいだに流れた百年を簡単に振りかえると、ロッシーニにつづくドニゼッティやベッリーニは、華麗な装飾を徐々に減らしながら、しだいに劇的に響く声をもとめるようになった。ヴェルディは音楽とドラマの一体化を志向し、厚さを増したオーケストラを突きぬける声の響きをもとめていった。ベルカントの時代には、華やかな技巧をとおして精神の高揚を抽象的にあらわしていた「声」は、徐々に人間そのものを直接、劇的に映すようになり、喜怒哀楽のリアルな描写は、日常生活における現実的なできごとを写実的に描いたヴェリズモの時代に頂点に達した。プッチーニは純然たるヴェリズモとは一線を画していたものの、威力を強調する声の用法は、その時代の特徴とかさなっていた。

そのころにはロッシーニの時代の歌唱技巧は忘れ去られ、もはやロッシーニのオペラは上演したくても、どう歌えばいいのかわからなくなっていた。つい半世紀ほどまえまではそんな状況がつづいていたが、「ロッシーニ・ルネサンス」をとおして、忘れられたベルカントはよみがえりつつある。以前は同時に上演することなど事実上不可能だった、百年の開きがある二作。それらを二日続きで、それぞれの様式にかなった高水準の演奏で楽しめる現代は、じつはオペラファンがこのうえなく幸福にすごせる時代なのだと思う。

第3章

Chapter Three

イタリア・オペラの歌手と指揮者を疑え！

1 テノールのとんでもない超高音がベッリーニの《清教徒》に頻出する理由

テノールの燦然《さんぜん》と輝く高音を聴くのは快感だ。オペラの醍醐味のひとつはそこにあるとさえいえる。テノールの高音の代名詞がハイC（三点ハ）、つまりト音記号の楽譜で五線上を超えたドの音で（テノールのパートは実音よりオクターヴ高く記すのが慣例なので、実音は五線におさまっているが）、ルチアーノ・パヴァロッティはよく知られるように、ドニゼッティ《連隊の娘 La fille du régiment》（一八四〇年初演）

でトニオが歌う「友よ、なんて晴れ晴れしい日だ Ah! mes amis quel jour de fête」などで圧巻の高音を輝かせ、「キング・オブ・ハイC」の異名をえていた。もっともパヴァロッティも、四十代後半からは実演でハイCを出すのを怖がり、アリア全体を低く移調し、H（二点ロ＝シ）やB（二点変ロ＝シ♭）に下げて歌うことが多かった。それでも、その高音に聴き手は興奮したのである。

ハイCが特別視されるのは、テノールの高音のピークと理解されているからだが、テノールにさらに高い音をもとめている作品も少なくない。ロッシーニは《オテッロ》のタイトルロールとロドリーゴ、《湖の女 La donna del lago》（一八一九年初演）のジャコモ五世、《ゼルミーラ》のイーロ、《セミラーミデ》のイドレーノなどの役にハイD（三点ニ＝レ）を課している。ベッリーニも《海賊 Il pirata》（一八二六年初演）のグアルティエーロなどの役にハイDを書き、彼の最後のオペラになった《清教徒 I Puritani》（一八三五年初演）のアルトゥーロ役には、さらに上を要求している。第一幕の登場のアリア「いとしい乙女よ、あなたに愛を A te, o cara」にCis（三点嬰ハ＝ド♯）が、第三幕のエルヴィーラ（ソプラノ）との二重唱にDが二回、さらには同じ幕のフィナーレのアンサンブルにはF（三点ヘ＝ファ）が書きこまれているのである。十九世紀前半には超絶的な高音を出せるテノールが大勢いたのだろうか。その回答をしめすには、テノールの発声の歴史をさかのぼらなければならない。

じつは十九世紀初頭までのテノールは今日とちがい、胸声で出す高音はせいぜいA（二点イ＝ラ）までで、そこから上には頭声やファルセットを使っていた。ただし胸声からファルセットへと自然につなぎ、違和感のない響きをつくりだしたようで、当時の聴衆も輝かしさより、やわらかい響きを好んだ。たとえば、右にあげたロッシーニの役柄のうちロドリーゴ、ジャコモ五世、イーロを初演したジョヴァンニ・ダヴィドは、同時代の最も優美なテノールだったとされ、FやG（三点ト＝ソ）まで出したという証言も遺されているが、こうした超高音はファルセットで響かせていた。

胸声と頭声を接続させていた

テノールの高音に対する聴衆の好みが変わるきっかけをつくったのが、ドニゼッティ《ランメルモールのルチア》のエドガルド役などの初演に起用されたフランス人のジルベール・ルイ・デュプレだ。エドガルドはアジリタが少ないかわりに力強い表出力が必要な役だが、デュプレの声はそうした表現に適していたようだ。一八三七年にイタリアから帰るとパリのオペラ座と契約し、ロッシーニ《ギヨーム・テル》のアルノール役でファルセットに頼らない胸声のハイCを、おそらくはじめて燦然と輝かせ、聴衆の度肝を抜くとともにセンセーショナルな成功をおさめたのだった。

《ランメルモールのルチア》と同じ年に初演されたのが《清教徒》だった。そこでアルトゥーロ役を創唱したジョヴァンニ・バッティスタ・ルビーニ（一七九四〜一八五四）は、十九世紀前半を代表するテノールで、ロッシーニが書いた超越技巧を要する役も得意としたが、それ以上に優美なフレージングがすぐれていたという。その声は甘美で哀愁をおび、音色や音量を自在に変えながら聴き手に圧倒的な感銘をあたえたとされ、ショパンやリストも絶賛した。このテノールの特徴については、ペルー出身の現代を代表するベルカント・テノールで『ルビーニのためのアリア集』というCDでこの歌手のもち役を歌っているファン・ディエゴ・フローレス（一九七三～）の言葉を引用しておく。

「ルビーニは、技術的なことを話せば、BまたはHの高音まで胸声、すなわち自然な声を使っていました。それ以上の音を出すときは頭声に移行させ、Gの超高音にまで達していました。これはものすごくたいへんなことで、というのも、こうした声区の転換は少しずつなされ、あまり気づかれないほどでした」（伊「MUSICA」誌二〇〇七年十二月～二〇〇八年一月号より）

たしかに、ルビーニは胸声では二点H（二点ロ＝シ）までしか出せなかったが、ごく自然に声区を移行させてファルセットとは異なる輝かしい頭声を胸声に接ぎ、あたかも最高音まで胸声を響かせているかのような錯覚を聴衆にあたえたようだ。そういう技法があればこそ、ベッリーニはルビーニのために《海賊》のグアルティエーロや《清教徒》のアルトゥーロという役を書き、超高音を課したのである。

Giovanni David

Gilbert-Louis Duprez

Giovanni Battista Rubini

それでも、胸声はせいぜいAまでだったまえの世代にくらべれば、ルビーニは高い胸声を響かせることができた。また、いわゆる「むせび泣き」をはじめて歌唱に取り入れたのもルビーニだといわれる。ちょうどこのころ、テノールの歌唱は力強い「実声」で感情をストレートに表現するスタイルに変わりつつあった。デュプレの胸声のハイCをきっかけにテノールの高音のあり方が変化した背景には、そういう流れがあったのだ。だから《清教徒》におけるテノールの常識はずれの超高音は、ある時代の変わり目に存在した卓越したテノールのために書かれた、特殊な音だといえる。

実演で自然なハイF！

そうだとしても今日、超高音が書かれた《清教徒》が上演され、そこに起用される以上、アルトゥーロ役のテノールは挑戦するしかない。だが、ルビーニのように胸声と頭声を自然に接ぐテクニックはすでに失われ、かりに再現できても、輝かしい胸声の高音に慣れた今日の聴衆が納得するとはかぎらない。というわけで現代のテノールたちは、胸声で超高音を出すという至難と向きあっている。

しかし、アルトゥーロを得意にしてきたテノールは、スペインのカナリア諸島出身のアルフレード・クラウス（一九二七〜一九九九）も、パヴァロッティも、今日ならフローレスも、Dまでは出せてもFは難しく、通常はDes（三点変ニ＝レ♭）に下げて歌ってきた。そんななかでスタジオ録音（一九七三）ではあるが、頭声から入って声区をミックスさせつつ胸声にいたっているのがスウェーデン生まれのニコライ・ゲッダ（一九二五〜）である。またボローニャ生まれのウィリアム・マッテウッツィ（一九五七

〜）は実演で胸声のFを強く響かせた録音を残している。私個人の体験では、二〇一一年におこなわれたボローニャ市立劇場の引っ越し公演で、クラウスと同郷のセルソ・アルベロ（一九七六〜）が胸声のFを自然に発し、この世のものと思えない響きに驚いたが、ここにきてあらたな経験をした。

それは二〇一六年六月二十九日、チューリッヒ歌劇場で上演された《清教徒》だった。ファビオ・ルイージ（一九五九〜）の指揮のもと、ベッリーニの音楽は無駄がそがれて引きしまり、短距離走者のように筋肉質でありながら、しなやかさと優美さも失われないという、上等な肌触りに仕上げられていた。ルイージはテンポを自在に伸縮し、この作曲家のもち味である哀愁をおびた長い旋律に生命を注ぎこんだ。ヒロインのエルヴィーラを歌った南アフリカ出身のソプラノ、プリティ・イェンデ（一九八五〜）の、柔軟で押し出しもじゅうぶんな声と広い音域、超絶技巧も印象に残った。

そこでアルトゥーロを歌ったのはアメリカ出身のテノール、ローレンス・ブラウンリー（一九七二〜）だった。その声はしなやかだが強靭でもあり、ロッシーニを得意としているためにアジリタの技巧も卓越している。黒人で背も低いので、イギリスの王党派の騎士にはどうしても見えないものの、登場のアリアから長い旋律に厚みのある声を充満させ、力づよくも優美なレガートを聴かせた。そしてCisの高音を隙のない響きで延々と引っぱった。少しヴィブラートがかかった声も、伝えられるルビーニの声に近いように思えてくる。もう少し声に哀愁がただようとなおよいが。

とはいえ、第三幕の二重唱での二つのハイDも、危なげがないどころか水戸黄門の印籠や遠山の金さんの桜吹雪さながら、ここ一番の大見得とばかりに燦然と輝かせた。そしてハイF。これが呆気

チューリヒ歌劇場《清教徒》でのブラウンリー（エルヴィーラ役のイェンデと）　© Judith Schlosser

ないくらい無理なくクリアされてしまった。実演でこのＦがこれほど自然な胸声で完璧に響かせられたことは、歴史的にも例がないのではないだろうか。さほど大きな拍手が起きなかったのは、あまりに自然に発せられたために、聴衆が特別な音だと気づかなかったからだろう。

　黒人には陸上競技などで見せる圧倒的な身体能力があるが、それが声帯にもそなわっているようだ。ソプラノのイェンデにもそんな感想をもった。とはいえ先に挙げたアルベロもふくめ、このところ高音が楽なテノールが増えていることはまちがいない。以前にくらべ、燦然たる高音のシャワーを浴びる機会が増えたことをよろこびたい。

　けれども可能であるなら、だれかがルビーニの歌唱を復元してくれないものかと願う。作曲家の意図に忠実に、というのが昨今の潮流でありながら、テノールの高音の出しかたは例外あつかいされているのだ。ルビーニのような高音は現代人の好みにあわない、と暗黙に了解されているが、本当にそうなのかどうかは聴いてみなければわからないのだから。

2 グリゴーロにみるテノールの、そして歌手の危機の克服法

イタリア・オペラで花形の声種は、やはりテノールだろう。とくにロマン派以降のオペラでは、若い恋人や英雄などカッコいい役を独り占めしている感があり、バリトンやバスにくらべ、いやソプラノとくらべてもスターが輩出しやすい。じじつ、「三大テノール」はブームになったが、「三大バリトン」や「三大ソプラノ」が大会場でコンサートを開催したという話は寡聞にして知らない。高い声域を受けもつので若い役が多いのはとうぜんとして、高い声それじたいも魅力になっている。非日常的な高音域ならではの艶《つや》、輝き、色彩、そして燦然たる超高音の虜《とりこ》になる聴き手が多いのである。

だが、日常生活であまり使わない声域を主戦場とする困難なパートでもあるため、力があるテノールはあらわれにくい。とくに本家本元のイタリアからは、カリスマと呼べるようなテノールは残念ながらしばらく途絶えていたが、声、テクニック、存在感ともにスター性のある逸材がひさしぶりにあらわれた。すでに二〇一五年四月五日と十日、東京オペラシティコンサートホールで日本での初リサイタルをおこなったヴィットーリオ・グリゴーロ（一九七七〜）である。ロック歌手と見まがうほどの派手なステージ・パフォーマンスに加え、フレージングが感情過多でやや芝居がかっているなど、物言いをつけたいところもあったが、歌唱の力には驚嘆させられた。完璧な呼吸法にもとづく強靭なテクニックと、それを土台にすみずみまで自然に聴かせることができる柔軟でとぎ澄まされた表現力が

あったからだ。

あまく繊細なメッザヴォーチェ（声量を半分に落としてやわらかく歌うこと）で歌いはじめ、徐々にクレッシェンドさせ、ねばっこい濃密な音にとどいたところで、精密にリタルダンドさせる。そんな手の込んだフレージングを、気負いを感じさせずにさらりとこなし、そのうえ美声である。長い旋律を特徴とするベッリーニの歌曲をはじめ、ドニゼッティの《アルバ公爵 Le duc d'Albe》（一八三九年作曲、未完により初演は一八八二年）やヴェルディ初期の《海賊 Il corsaro》（一八四八年初演）のアリアなどは、これほど理想的に歌われたことが過去にどれだけあったことかと思うほどだった。ただし生まれながらの情熱家なのか、ところどころ感情を激しく露出し、それにあわせてテンポを伸縮させるので、ときに辟易《へきえき》とさせられたのも事実だが、そんな歌い方をしても歌のフォルムが崩れないのだから、ただものではない。

キャリアは「ノー」といってはじまる

このリサイタルに先がけてグリゴーロにインタビューしたが、彼の話にはイタリアのテノールが、いや、テノールにかぎらず歌手たちが置かれている厳しい現実と、それを打開するためのヒントが織りこまれていた。

「イタリアにも以前はジュゼッペ・ディ・ステーファノ（一九二一〜二〇〇八）、フランコ・コレッリ（一九二一〜二〇〇三）、ルチアーノ・パヴァロッティ、ジュゼッペ・ジャコミーニ（一九四〇〜）といったすぐれたテノールがいました。いま、そういう才能があらわれないのは、オペラをめぐる状況の変化も影響していると思います。二十年前ならオペラの人気歌手はポップスターなみに高いギャラを受けとることができましたが、いまは世界じゅうのオペラハウスが経営難で、低いギャラで歌うようにもとめられがちです。このため若い人ががんばれなくなっているのではないでしょうか。私は両親がささえてくれたおかげで、もって生まれた能力を最高の状態にみちびき、自分の夢を追うことができています。歌うとは、同じ音楽を毎晩歌うことではありません。自分の魂を歌わないといけないし、自分の人生のように歌って、その歌唱を特別なものにしなければいけません。日々の喜怒哀楽をあらわすべきだと思います」

歌に強い感情をこめるのはグリゴーロのアイデンティティといえる。しかし、同様に感情を過剰なほど表に出すテノールの多くは、短いあいだに声を荒らして消えていく。そういう歌手とくらべてグリゴーロはなにがちがうのか。

「キャリアは〝ノー〟をいってこそはじまるのに、若い人はそれをしません。のども身体も成長途上なのに、もとめられるまま自分の声にあわない役を歌って、わずか二年程度で声をつぶして消えていく歌手がじっさい、大勢います。私もいまより若いときにはいろんなオファーがありましたが、先生と話しあい、レパートリーをどう構築していくかを決めました。テノールは〝もう一段階重い役を〟という方向に走りがちですが、私の資本である身体を守るため、先生が手綱をつけて踏みとどまらせてくれたのです。アルフレード・クラウスは、自分にあうオペラを七つか八つに絞り、七十歳をすぎるまで新鮮な声で歌いました。私はいま、教会音楽なども入れると六十六のレパートリーがあり、現在歌っているオペラにかぎると十五～二十役ほどありますが、それだけでもかなりたいへんです。レパートリーを慎重に選んで自分の限界を知ることがカギです。それが私の声を聴くのを楽しみにしてくれている人への責任だと思っています」

では、このようにして慎重に選んだレパートリーに、どのような思い入れを抱いているのか。

「作曲家はドニゼッティ、ヴェルディ、ジュール・マスネ（一八四二～一九一二）、そしてプッチーニが好きです。個々のオペラ作品では、物語が好きなのは《ラ・ボエーム》。私のオペラへのデビュー作《愛の妙薬》にも思い入れがあります。十七歳の中ごろまでピッツェリーアでオペラを歌っていて、《愛の妙薬》で舞台に立って私のキャリアははじまりました。次の大きなステップは、ワシントンDCでパヴァロッティの指導のもと《ラ・ボエーム》を歌ったことでした。パヴァロッティはかけだしの私に〝君は僕が教えることができないなにかをもっている。それはカリスマ性だ。だから君はかなりのところまでいける〟といって、自信をもたせてくれました。次

Vitttorio Grigolo　© Alessandro Dobici

がシャルル・グノー（一八一八〜九三）の《ロメオとジュリエット Roméo et Juliette》（一八六七年初演）。ロメオは愛し、たたかう男で、私とよく似ているんです。マスネの《マノン Manon》（一八八四年初演）にも私の心身との一体感を感じます。このオペラは最後まで歌いきると横隔膜がとても疲れますが、のどは疲れません。歌にはからだのサポートが重要で、それができていればのどはそれほど使わなくていいのです」

のどを使わず、甘美なピアニッシモも、やわらかくも粘り気のあるレガートも、感情の襞《ひだ》をディテールまで描写したかのようなディミヌエンドも、グリゴーロはみな横隔膜を使って表現しているというのである。

過去にポップスで大成功

じつは、グリゴーロはかつてポップス歌手として名を馳せたことがある。そのことを理由に彼の歌を「色もの」と決めつけるむきもある。派手なステージ・パフォーマンスをながめると、誤解が生じるのもわからないではないが、彼が習得している歌唱力が、作曲家の要求を最大限生かすに足るものであることはうたがいない。

「二〇〇六年、ポップスのアルバムで大成功したのですが、そちらの道に本格的に進んだ場合は、オペラのキャリアはあきらめなければなりませんでした。そこでポップスをやめる決心をし、オペラに全力を注いできました。ただ、オペラの世界で自分はここまで歌えることを証明できたので、これからはもう少しポップスを歌ってもいいかな、と思っています。いまならポップスのプロジェクトに取りくんでも、オペラファンに怪しまれずにすむ自信があります。それに、私のポップスを聴いた人がオペラにも興味をもってくれるかもしれません。いま、世界じゅうのオペラファンはどんどん高齢化していますが、若い人にオペラの美しさを知ってもらう機会になるなら、ポップスを歌うこともまた私の使命につながります」

グリゴーロが習得しているテクニックを、基礎にさかのぼって自分のものにしようと試みるテノールがあらわれれば、これからのオペラ界にとってもプラスになるだろう。ただし、彼のパフォーマンスや感情のあらわしかたを表面的にまねるだけなら、オペラの歌唱を荒らすことにもなる。グリゴーロのパフォーマンスは、たぐいまれな才能を土台に鍛錬をかさねたホンモノの歌があってこそ許されるものだからである。

3 変わり目にいるフローレスへの危惧と期待

ペーザロのロッシーニ・オペラ・フェスティヴァル（ROF）は毎夏、ロッシーニ・アカデミー受講生の発表公演として《ランスへの旅》を上演し、数多くのすぐれたベルカント歌手を送りだしている。二〇一六年はキャストに三人の日本人がふくまれ、テノールの最難役であるリーベンスコフ伯爵も、山本康寛（一九八二〜）と小堀勇介（一九八六〜）のダブルキャストだった。その二人がそろってフアン・ディエゴ・フローレスから大きな影響を受け、フローレスの『ロッシーニ・アリア集』のCDをすり切れんばかりに聴いて、少しでも近づきたいと願いながら努力をかさねてきたと語ったのは印象的だった。

少しまえまでは、声が軽くアジリタが得意なテノールがしかたなくロッシーニ歌いになることはあっても、あこがれをいだいて積極的にめざす例は少なかった。ところが、いまはフローレスというあこがれるにふさわしい傑出した才能が存在している。その歌唱の特徴は、イタリアの「MUSICA」誌二〇〇七年十二月〜二〇〇八年一月号でスティーヴン・ヘイスティング氏が適確に指摘しているので引用したい。

「フローレスの声は、レガートや発声法、強弱の対比だけでなく、響きの美しさにまで気を配られており、特徴的な強いヴィブラートと、ラテン人ならではの明快さ、銀色の輝きをおびたやわらかさ

フローレスが表紙を飾った伊『MUSICA』誌2007年12月～2008年1月号

をともなって、たんに並はずれて美しいだけでなく、ときには想像しうるかぎり最も美しい楽器といえるほどの感じで響く。（中略）ロッシーニを歌ううえで、フローレスははじめに、作曲家の意におおいに沿った名人芸的な才能をあらわした。すなわち、並はずれて正確なリズムで狂喜乱舞するかのように音を上に伸ばす能力と、完璧なまでになめらかなあらゆる種類のアジリタ、音階とアルペッジョ、跳躍と飛翔、三連符や四連符の連続、ターン、短前打音。このような驚くべき特質は、一九九六年にペーザロのパラフェスティヴァルで上演された最初の《マティルデ・ディ・シャブラン》ですでに見られたが、その数カ月後の一九九七年五月、ジェノヴァのカルロ・フェリーチェ劇場における《ラ・チェネレントラ》で、まったくちがった決定的な特質があきらかになる。（中略）レガートの旋律に現実的な感情と純粋なエレガンスをこめて聴衆を魅了する能力を示したのである。それはめったに見られない能力で、呼吸全体の制御、ささやくような発声、そして決定的に卓越した音楽的な感性にもとづいている」（著者訳）

　こうした歌唱のおかげで、ロッシーニのオペラの潜在的な魅力が引きだされ、それまで上演機会が少なかった作品も日の目を見るようになり、そのオペラに触れた聴き手がまたフローレスの歌唱に圧倒される。そういう正のスパイラルができあがった。

フローレスは二〇一六年にROFの芸術監督に就任したエルネスト・パラシオの愛弟子《まな》である。この師匠はインタビューしたさい、ロッシーニ・ルネサンスの変遷におけるフローレスの価値をつぎのように語った。その内容は同じペルー出身でもあるパラシオの身内びいきとはいえない。なぜなら同様の評価が世界標準だからである。

「私は過去においてロッシーニの演奏様式がなんども変わるのを見てきました。そしていまは、ファン・ディエゴ・フローレスとチェチーリア・バルトリというきわめて重要なアーティストによって生み出された時代で、歌のラインにいっそうの注意が払われると同時に、加えられるヴァリエーションや高音も以前より洗練されました」

ところが最近、フローレスの歌唱に異変が見られる。それはあたらしいレパートリーを確認してもあきらかだ。以前は、二〇〇八年にヴェルディ《リゴレット》のマントヴァ公爵役にデビューしてのどに変調をきたすと、同じ役への出演予定をすべてキャンセルしたほど、重いといわれる役に挑むことに慎重だった。ところが、二〇一四年ごろから一転してレパートリーを広げている。

この年の十一月に故郷であるペルーのリマでグノー《ロメオとジュリエット》のロメオ役を歌い、二〇一五年十二月にはバルセロナのリセウ劇場でドニゼッティ《ランメルモールのルチア》のエドガルド役に挑んだ。その後も、二〇一六年にはウィーン国立歌劇場で一月に《リゴレット》、二月に《ロメオとジュリエット》、四月にはパリのシャトレ座で一晩だけマスネの《ウェルテル Werther》（一八九二年初演）のタイトルロールを演奏会形式で歌うと、十一月にはベルリン・ドイツ・オペラでジャコモ・マイヤベーア（一七九一〜一八六四）の《ユグノー教徒 Les Huguenots》（一八三六年初演）のラウール・ド・ナンジ役に挑戦。十二月にはボローニャ市立劇場で、舞台としてははじめての《ウェルテル》、二〇一七年四月にもチューリッヒ歌劇場で《ウェルテル》。そして八月にはザルツブルク音楽祭で、ドニゼッティ《ルクレツィア・ボルジア Lucrezia Borgia》（一八三三年初演）のジェンナーロ役を演奏会形式で歌った。

フローレスは二〇〇六年に『ルビーニのためのアリア集』を録音している。このCDは十九世紀前半を代表する大テノール、ジョヴァンニ・バッティスタ・ルビーニへのオマージュであり、収められた曲には、少なくともわれわれが耳で確認できるかぎりでは前人未到の「あらゆる種類のアジリタ」から「銀色の輝きをおびたやわらかさ」「純粋なエレガンス」までが余すところなくつまっている。だが、右に並べたあたらしいレパートリーには、ルビーニのレパートリーよりも重いと考えられる役もふくまれている。

そのなかで《ウェルテル》を鑑賞した。二〇一六年十二月二十一日、ボローニャ市立劇場でのことだ。《ウェルテル》はフランス・オペラだが、イタリア・オペラを歌う声を考察するために、それを評するのをゆるしてほしい。

三分を超える拍手とブラーヴォ

ヨハン・ヴォルフガング・フォン・ゲーテ（一七四九〜一八三二）の書簡体小説『若きウェルテルの

悩み』（一七七四年刊）を原作とする《ウェルテル》は、単純な愛と死の物語のようで、そのじつ、男女の入り組んだ心理が、心の奥にひそむ醜さまでも浮かびあがらせながら描かれている。たとえば第二幕で、すでに人妻になったシャルロットはウェルテルに「私たちは永久に別れるように運命づけられている」と告げながら、舌の根も乾かないうちに「なぜ（私のことを）忘れるの？」と問いかえし、クリスマスに帰ってくるようにいう。貞節を守ろうとしているようで、自分も惹かれつづけているウェルテルを中途半端に引きとめ、それが悲劇を生む引鉄《ひきがね》にもなっているのだ。

こうした心理劇を、マスネは叙情的で芳醇《ほうじゅん》きわまりない音楽で描き、木管と低音の金管を多くもちいた暗いトーンを基調に、ありったけの旋律美を織りまぜた。ボローニャ市立劇場音楽監督であるミケーレ・マリオッティの指揮は、細部をすき間なく彫琢《ちょうたく》しながら、管弦楽にふくよかな響きをあたえ、色あい豊かで愁《うれ》いをたたえたリリシズムを描きだした。全体と細部の均衡《きんこう》がすばらしく、強弱やテンポの伸縮も心理のうつろいに応じて自在で、そのなかで歌手の声が活かされていた。

マリオッティとおなじペーザロ出身のロゼッタ・クッキの演出は、舞台の右前方に絶望したウェルテルが座りながらピストルをいじる椅子があり、歌うときはそこから舞台に歩いていくというもの。舞台では家族だんらんが描かれ、ウェルテルが絶望した理由を失恋という単線で見せないための工夫として評価できる。しかし、クリスマスにウェルテルがもどったとき、シルエットとして映しだされるシャルロットとアルベールの家族だんらんのなかにすでに子供がいるなどの矛盾も気になった。シャルロット役を歌ったアメリカ生まれのイザベル・レナード（一九八二〜）は艶《つや》のある深い声で感情の襞《ひだ》を細やかに表現し、抑えきれない激しい心を歌っても声が乱れず、秀逸だった。しかも彼女の声がかもしだすリリシズムは、マスネの音楽に特徴的な愁いの表情との相性がよかった。

さてフローレスだが、十八番であるアジリタも跳躍や飛翔もないウェルテル役を歌っても、いつもどおりのフローレスではあった。彼の声に特徴的な美しい翳《かげ》りはマスネの音楽の色彩とあい、明快な表現もフレージングの「銀色の輝きをおび」たやわらかさもあいかわらずだ。ウェルテルが自分で訳したオシアンの詩を読むクライマックス「春風よ、なぜ私を目ざますのか Pourquoi me réveiller」を歌いおわると万雷の拍手とブラーヴォ、足踏みが三分以上つづき、「ビス（アンコール）」コールもかかり、フローレスはほんとうにもういちど歌ったのである。

マリオッティのみごとな棒さばきとあいまって、音楽的に非の打ちどころがない《ウェルテル》だった。それでも、フローレスがこの役を歌う必要があったのかという疑問は頭から離れなかった。初演（ドイツ語だった）でウェルテル役を歌ったアントウェルペン（アントワープ）生まれのエルネスト・ヴァン・ダイク（一八六一〜一九二三）は、《ローエングリン》のフランス初演がオペラへのデビューというワーグナー歌いだった。その後もポーランド出身のジャン・ド・レシュケ（一八五〇〜一九二五）らワーグナー歌手がもち役にしたことからも、この役が元来、力強い声を必要としていることがわかる。だから「オシアンの歌」もフローレスが歌うと、響きの艶、やわらかさは絶妙でも、最高音の二点変ロ（シ♭＝B）を頂点に激情をあらわすところでは、強さを引きだそうとして無理に声を張っているように聴こえてしまう。聴きながら心配が先に立ってしまうのだ。

もっとも、ウェルテル役はティート・スキーパをはじめ、テノーレ・ディ・グラーツィア（優美なテノール）の流れを引く歌手たちも歌ってきたという現実がある。そのなかでフローレスがあきらかに意識しているのがアルフレード・クラウスだ。フローレスは「MUSICA」誌のインタビューでも「私の歌い方はクラウスのそれと似ています」と語っており、じつは先に挙げたあたらしいレパートリーも、大半がクラウスのそれと重なっている。たしかに両者の声には、「金色」ではなく「銀色」をおびたフレージングの洗練という共通点がある。一方で、クラウスのほうが声にボディがあるが、フローレスに自在のアジリタがクラウスは苦手であったなど、決定的なちがいもある。だからクラウスの路線を歩むことは、フローレスが凡百の歌手たちと決定的に異なる強みを失うことにつながらないか。そんな心配も消えないのである。

ボローニャ歌劇場《ウェルテル》の舞台におけるフローレス
© Rocco Casaluci

しかし付記すれば、二〇一七年八月二十七日、ザルツブルク音楽祭で聴いた《ルクレツィア・ボルジア》のジェンナーロ役には、ウェルテル役よりもフローレスらしさが見いだせた。やはりクラウスが名唱を残しているこの役にもアジリタはない。それでも流麗なフレージングや、高音への跳躍、高音それじたいの輝きなど、フローレスならではのもち味が発揮されていた。

難役を二十年歌いつづけた声の成熟

私は一九九八年にフィレンツェのペルゴラ劇場でロッシーニ《オリー伯爵》を聴いて以来、ほぼ毎年、フローレスの声に接してきた。最初に驚かされたのは電光石火のアジリタで、年を追うごとにフレージングが洗練され、やわらかさが加わり、超高音は力強さを増し、当初は鼻にかかりすぎる感があった発声のクセも克服されていった。自在の運動能力をそなえた精緻な歌唱は聴くたびにパワーと完成度を増し、デビュー間もないころがピークという歌手も少なくないなか、いっそうの高みをめざし、高みにとどいていく稀有な歌手だった。

頂点のひとつは二〇〇四年のROFにおける《マティルデ・ディ・シャブラン》のコッラディーノ役で、アジリタが連続し高音が頻出するこの超難役を歌いきって非の打ちどころがなく、私が鑑賞した公演初日は聴衆のほとんどが帰りたがらず、カーテンコールが三十分近くつづいた。また、たとえばロッシーニ《ラ・チェネレントラ》のドン・ラミーロ役なら、二〇〇〇年八月にROFで聴いたときよりも二〇〇八年一月にバルセロナのリセウ劇場で鑑賞したさいのほうが、洗練度、エレガンス、力強さ、深みのいずれもが大きく進化しているという確信をもてた。

ところが、二〇一〇年をすぎたころから声が太くなってきたと感じられ、二〇一五年七月十日と十四日にスカラ座で聴いたロッシーニ《オテッロ》のロドリーゴ役は、二〇〇七年八月にROFで聴いたときにくらべ、声の自由度が失われていた。アジリタはいつもながら正確だが以前ほど軽快ではなく、超高音の輝きが鈍り、第二幕のオテッロとの二重唱でスコアに書かれている三点ニ（レ＝D）を出さなかったのは、失敗を怖れて回避した可能性をうたがわざるをえなかった。

先に『ルビーニのためのアリア集』に触れたが、ルビーニじしん、ロッシーニのいくつかの難役をレパートリーにしながらベッリーニが書いた諸役を初演で歌うなど、よりドラマティックな表現をこころざした歌手だった。フローレスも伝えられるルビーニのように、軽やかにアジリタを歌うと同時に情熱的で力強いフレージングにもこだわり、ルビーニは頭声で処理していたはずの高音は胸声で出してきた。《マティルデ・ディ・シャブラン》のコッラディーノの代役でROFにデビューしたのが二十三歳のときだ。以来、数多くの困難な役に挑みながら、そこに劇的な表現力も加えようと精進をかさねて二十年もたてば、声が熟して重さを増すのはしかたないのかもしれない。

ロッシーニと同時代のテノールでフローレスとレパートリーが多くかさなるのがジョヴァンニ・ダヴィドだ。優美な歌を聴かせ、驚異的なアジリタを誇ったと伝えられる彼のためにロッシーニが書いた役は、ダヴィドが二十三歳のときの《イタリアのトルコ人》のナルチーゾを皮切りに、《オテッロ》のロドリーゴ、《湖の女》のジャコモ五世、《ゼルミーラ》のイーロなど数多い。だが、四十代半ばのころにはかなり衰えていたという。ちなみに、ルビーニは五十代になってまもなく引退している。

フローレスのあたらしいレパートリーの広がり方には、ある歯止めがある。《ランメルモールのルチア》のエドガルドや《ユグノー教徒》のラウールなどはルビーニの持ち役であり、ルビーニの死後に初演されたロメオやウェルテルはクラウスの十八番だった。こうして一定の制限をもうけるのはストイックなフローレスらしいが、クラウスも、おそらくルビーニも、フローレスよりボディのある声だったと思われ、彼らのレパートリーを無制限に受け入れるのは心配でもある。ルビーニはキャリア末期まで卓越したロッシーニ歌いでもあったが、フローレスもそうあってほしい。

《ルクレツィア・ボルジア》でのフローレス　© Salzburger Festspiele / Marco Borrelli

二〇一六年のＲＯＦで歌った《湖の女》のジャコモ五世は、以前の軽やかで柔軟な声こそ失われていたものの、安定感と音楽性の高さで傑出し、ゲネプロ（総稽古）で多少残っていた粗さや中音域のくすみが初日には解消されていたのを確認して、あいかわらずの生まじめな精進のあとに感心した。

　レパートリーを拡大してもルビーニのようにロッシーニを歌いつづけ、クラウスのように七十歳まで凛《りん》としたフレージングを聴かせる現役であってほしい。フローレスの声の変わり目に、そう願わずにいられない。

4 レオ・ヌッチの歌に衰え知らずのまま円熟味が加わる理由

日本では七十五歳以上の高齢者は、後期高齢者医療制度の対象になるため、一般に「後期高齢者」と呼ばれる。その呼び名への反発はあるものの、アメリカのさる高名な医師によれば、七十五歳を超えると一般に生産性が急に落ち、その年齢からなにかを達成した人は少ないのだそうだ。一九四二年四月十六日にイタリアのボローニャ近郊で生まれたバリトンのレオ・ヌッチも、すでに七十五歳に達している。だがヌッチを見ているかぎり、その医師の主張に異をとなえたくなる。ヌッチの生産性が落ちているとは、いまのところ感じられないのである。

二〇一七年秋の時点でヌッチは、とりわけヴェルディのオペラではなおも若いバリトンを寄せつけていない。高齢になるまで歌いつづけたバリトンは過去にもいた。ジュゼッペ・タッデイ（一九一六〜二〇一〇）は一九九五年に藤原歌劇団の招聘《しょうへい》で来日し、七十八歳で《愛の妙薬》のドゥルカマーラを歌って存在感をしめしたが、すでに六十代から活動を少しずつ控えていた。ロランド・パネライ（一九二四〜）も、一九九九年に七十五歳前後で録音されたヴェルディ《ラ・トラヴィアータ》での若々しい声に驚かされたが、その時点で歌う機会は少なくなっていた。

しかしヌッチはちがう。声はもとより過密スケジュールじたい、ゆるむ気配がない。二〇一八年の予定を見ると、一月にパルマで《リゴレット》のタイトルロール、二月から三月にスカラ座で《シモン・ボッカネグラ》のタイトルロール、四月にチューリッヒで《ルイーザ・ミラー》のミラー、五月にロサンゼルスで《リゴレット》、ナポリのサン・カルロ劇場で《ラ・トラヴィアータ》のジェルモン、六月にはベルギーのリエージュで《マクベス》のタイトルロール、七月から八月にシドニーで《リゴレット》、十月にもパレルモのマッシモ劇場で《リゴレット》……。予定がタイトに詰まっているうえ、歌うのはすべて主役級だ。統計を確認したわけではないが、七十五歳をすぎて世界の主要歌劇場で主役ばかりを毎月歌った歌手は、バリトンにかぎらず過去に例がないのではないだろうか。

衰えない声と円熟の表現が両立

Leo Nucci

一般に年齢をかさねた大歌手の舞台は、高音が出ない、息が途切れてレガートにならない、フレージングのゆらぎが気になる、そもそも響かない……と残念なことが多い。過去の栄光のおかげでようやく拍手がもらえるのがふつうの姿である。一方、ヌッチが主役をつとめるオペラの舞台はいま、どのくらい説得力があるのか。それを確認するために二〇一六年七月一日、スカラ座でヌッチ主演の《シモン・ボッカネグラ》を鑑賞した。

初演の二十四年後、アッリーゴ・ボーイトの手を借りて台本から大幅に改訂したこの作品は、ヴェルディの円熟の手になるものだ。ソプラノが歌うアメーリア（じつはマリア）役をのぞけば主要な役に女声がなく、彼女とテノールのガブリエーレとの恋愛もドラマの本線ではない。主役と準主役はバリトンとバスだ。このため玄人《くろうと》好みの地味な印象がつきまとう一方、第一幕の父娘が再会する二重唱、平和と愛を説いたのにつづきパオロを告発する緊張感ある演説、第二幕の、アメーリアがわが娘であるとガブリエーレに告白したのちの美しい三重唱、そして第三幕のフィエスコとの二重唱など、上演水準はシモン役のバリトンのできに左右される。父親らしい慈愛、総督としての威厳、威厳と背中あわせの孤独や苦悩といったあらゆる複雑な感情を、よく響く深いバリトンの声で表現できなければならないからだ。

その日のヌッチは登場したときは声が若干弱く、フレージングに安定を欠くようにも感じられたが、不安はたちまち解消され、ドラマが進行するのに比例して声に力強さと張りがみなぎっていった。声の強靭さ、その輝き、響きの質感、安定したフレージングの美しさと品格。そのどれもが、並みいる若手を寄せつけない水準なのだ。声量がじゅうぶんなのはもちろんのこと、年齢をまったく感じさせない長いブレスも驚異的だ。くわえて表現が自在である。父娘の二重唱では娘との再会をよろこび、かけがえのない存在をいつくしむ父親の感情が声に乗り、パオロを呪う場面では語気に強い情念がこもる。

みずからの肉体が楽器である歌手は、深い円熟の表現が可能になるころには声が出なくなってしまうケースが一般的だが、ヌッチは例外だ。若いころの圧倒的な声はおとろえが最小限で、そこに年輪をかさねてはじめてえられる円熟が加わるという、「奇跡」としか呼びようのない事象が具現化され

スカラ座《シモン・ボッカネグラ》でのヌッチ
©Teatro alla Scala/ Brescia e Amisano

ている。そのうえ疲れ知らずでもあった。第二幕、第三幕と進んでも声は涸《か》れるどころかますます湧《わ》きいでて、表現が鬼気せまってくるのである。

この日の上演はチョン・ミョンフン（一九五三〜）のタクトも冴えていた。オーケストラを暗めに響かせ、デュナーミクとアゴーギクそれぞれの幅を大きくとり、極端な陰影とメリハリをつけているのに、それが自然に聴こえるのだ。たとえば、一八八一年の改訂でほぼ完全に書きなおされた第一幕フィナーレは、シモンの演説、暴動と民衆の乱入、ガブリエーレの告発、アメーリアの登場とその後の感動的なアンサンブル、そしてシモンによるパオロの告発と、状況が目まぐるしく変転する。その場面をチョンは、大胆な抑揚と陰影をもちいて立体的に描いた。しかも入りくんだ構造を活かして流れを複雑に構築しながら、全体としては統一された有機体のように感じさせる。チョンの指揮にもささえられ、ヌッチは最後まで聴き手を圧倒しつづけた。

まわり道をしたからこそのいま

ヌッチがオペラの舞台にデビューしたのは一九六七年だから、二〇一七年でデビューから五十年が経過した。しかし、デビューの二年後にはスカラ座の合唱団に入りなおして七年間在籍している。声をつくりあげるためにあえてまわり道を選んだのだが、七十五歳にして声がおとろえ知らずであるのは、このキャリアと無縁ではないはずだ。

ソリストとして独り立ちするには歌唱が未熟だ、と自覚している歌手は少なくない。だが、劇場の世界ではソリストより格下と認識される合唱団の一員に「後退」する道は、なかなか選べるものではない。結果として未熟なまま第一線で歌いつづけ、キャリア半ばで声をだめにしてしまう歌手があとを絶たない。一方、ヌッチは恥や外聞はすて、合唱からやりなおして万全のテクニックを習得したうえで、ソロのバリトン歌手として出なおした。ヌッチはヴェルディのオペラの劇的表現を得意とする印象が強いが、ロッシーニのオペラでアジリタや早口で話すように歌うパルランド唱法をこなすことも、ベッリーニのオペラで叙情的な旋律を正しい様式感で流麗に歌うこともできる。それぞれをたくみに歌いこなせる十全のテクニックと、そのささえになる正しい呼吸法、すなわち声帯に負担をかけずに声を縦横にあやつる術を習得しているからこそ、おとろえを知らないのである。

凌駕《りょうが》する若手があらわれないのはオペラの将来のために困るけれど、レオ・ヌッチという不世出の存在が、老いが不可避であるわれわれの希望の星であることはうたがいない。

5 日本人歌手が活躍する道を《蝶々夫人》にさぐる

最近、イタリアはもちろん世界中どこにでも中国人観光客が押しよせているが、欧米でオペラに出演する中国人歌手も確実にふえている。また、中国人以上に多いのが韓国人歌手である。脇役まで眺めたとき、中国人か韓国人が出演しない公演のほうが少ないほどで、ミラノのスカラ座やニューヨークのメトロポリタン歌劇場（MET）で中国人や韓国人が主役級を歌うこともめずらしくない。

一方、欧米でオペラのキャスト表に日本人歌手の名を見ることはまれだ。日本人のオペラ歌手が少ないのではない。それどころか二期会と藤原歌劇団という二つの団体の所属歌手だけでも、前者が約二千七百人、後者が約千人もいるのに、欧米で活躍できている歌手は、人口が日本の半分にも満たない韓国出身の歌手の数分の一もいないと思われる。人種が近く、肉体構造も似ているはずの中国人や韓国人に日本人が遠くおよばないのはなぜだろうか。

ひとつは日本語の発声に関係がありそうだ。日本人はしゃべるとき、口先だけを使って舌を動かさない。私は中国語や韓国語は解さないが、それらにくらべても日本語の発声は浅いようで、口先で完結している。巻き舌を例に考えるとわかりやすい。ローマ字読みに近いイタリア語の発声は日本語のそれに近いと誤解されているが、日本語を話すようにイタリア語をしゃべっても舌を巻けず、r（エッレ）はうまく発音できない。イタリア人に巻き舌が自然にできるのは、彼らは音を発するとき舌根に力を入れ、舌を活発に上下させているからだ。もちろんr以外の発音にも舌を自然に使い、そのとき横隔膜が連動している。つまり、イタリア語の発声がオペラに向いているとすれば、日本語の発声はそれと正反対の、まるで不向きなものなのだ。

もうひとつは教育の問題である。日本の音楽大学にはイタリアをはじめ本場で本格的に学び、右に書いた欠点を克服した指導者が少ない。だからこころざしの高い学生は留学するしかないが、そのまえに悪いクセをつけられてしまうえ、奨学金制度などの問題もあって留学する年齢が高くなりがちだ。

それでも《蝶々夫人》のタイトルロールだけは、昔から日本人のソプラノに声がかかることが多かった。ただし日本人の役だからといって、声楽的に日本人にあうかどうかは別問題である。蝶々さんは登場して自死するまでほとんど舞台に出ずっぱりであるうえ、十五歳という設定のわりには厚いオーケストラを突きぬける声が必要で、とくに第二幕からは力強い表現が欠かせない。日本では《蝶々夫人》がよく上演されるから、蝶々さんは手軽に歌える役だと勘ちがいされがちだが、じつは過酷な役なのだ。だから繊細な声の日本人ソプラノが蝶々さんを無理に歌いつづけ、声を傷《いた》めてしまった例も少なくない。

それでも困難をかいくぐって、蝶々さんを土台にみごとなキャリアを築き、世界を納得させた日本人ソプラノもいた。その秘訣はなんだったのか。

プッチーニが望んだのは叙情的な声

一九〇四年二月十七日、スカラ座で初演された《蝶々夫人》が空前の大失敗をくらったことはよく知られている。このとき蝶々さん役を歌ったのは、ヴェネツィアに生まれてミラノ音楽院で学んだロジーナ・ストルキオ（一八七二〜一九四五）だった。プッチーニがデリケートな表現を絶賛し、大きな信頼を寄せたというストルキオは、一八九二年にオペラの初舞台で歌った役がビゼー《カルメン》のミカエラで、その後、マスネ《ウェルテル》のソフィーや《マノン》のタイトルロールを歌い、蝶々さんを初演したのちも、ドニゼッティ《ドン・パスクワーレ》のノリーナやベッリーニ《夢遊病の女》のアミーナなどを好んで歌った。だから、いわゆるリリック・ソプラノであったはずだ。今日ではすでに記した理由で、強い声で歌われるべき役だと考えられている蝶々さんだが、プッチーニは少女の初々しさを表現するためにも、澄んだ叙情的な声を望んだと思われる。

《蝶々夫人》初演時のスカラ座のポスター（1904）

　雪辱を期して改訂した《蝶々夫人》が同じ年の五月二十八日、ミラノから東に八十キロほどのブレーシャで上演されて大成功したさいは、ストルキオは演奏旅行で南米に出むいていたため、ウクライナ出身のサロメア・クルシェニスキ（一八七二〜一九五二）が歌った。彼女はのちにリヒャルト・シュトラウス（一八六四〜一九四九）の《サロメ Salome》（一九〇五年初演）や《エレクトラ Elektra》（一九〇九年初演）のタイトルロールのほか、ワーグナー《ニーベルングの指環 Der Ring des Nibelungen》のブリュンヒルデなども歌っているので、強靭な声だったのだろう。だが、残された録音を聴くと、声に太い芯はあるものの可憐な響きも聴きとれる。プッチーニも彼女の声の「繊細さ」を高く評価していたという。

ところで初演の大失敗をまねいたスカラ座では、プッチーニの生前に《蝶々夫人》は再演されなかった。アルトゥーロ・トスカニーニ（一八六七〜一九五七）の知遇をえて、その指揮で一九二五年にスカラ座で歌って成功をおさめたのがミラノ生まれのロゼッタ・パンパニーニ（一八九六〜一九七三）だ。彼女は当代一のプッチーニ歌いといわれ、一九三七年までスカラ座で蝶々さんを継続的に歌った。さいわいパンパニーニの声は全曲とおした録音が残されているが、やはりあまく可憐な声で、それを柔軟にコントロールして歌っている。

さて、初演で歌った前出のストルキオ、METのプリマドンナで、METにおける《蝶々夫人》初演で歌ったジェラルディン・ファーラー（一八八二〜一九六七）とならび「世界三大蝶々さん」と呼ばれたのが、日本人の三浦環《たまき》（一八八四〜一九四六）だった。

イタリア人の生理と日本人の生理

東京の芝で公証人の家庭に生まれた三浦は、東京女学館をへて一九〇〇年に東京音楽学校（現・東京芸術大学）に入学するが、父のすすめで入学前に軍医の藤井善一と結婚している。まだ十五歳か十六歳だったはずで、唱歌「赤とんぼ」の歌詞にある「ねえやは十五で嫁に行き」を地でいっていたわけだが、一九〇七年に東京音楽学校の助教授になったのを機に離婚し、一九一三年に医師の三浦政太郎と再婚。一九一四年、三十歳のとき夫といっしょにドイツに留学し、国際的なキャリアを積むきっかけをつかんだ。もちろん、すでに声楽家としての基礎ができていればこそであり、東京音楽学校在学中の一九一三年には、日本人による最初のオペラ公演であるグルック《オルフェオとエウリディーチェ》（一七六二年初演）でエウリディーチェ役を歌い、その後は帝国劇場に所属し、プリマドンナとして活躍していた。

Tamaki Miura

三浦が留学した時期は第一次世界大戦の勃発とかさなり、すぐにロンドンへの移住を余儀なくされたが、それがさいわいした。ロイヤル・アルバートホールでアリアを歌ったのがきっかけでロイヤル・オペラ・ハウスから《蝶々夫人》への出演をオファーされたのだ。こうしてロイヤル・オペラに日本人としてはじめて、それも主役で出演し、国王ジョージ五世臨席のもと大成功をおさめると翌年には渡米。ボストンをはじめ各地で

《蝶々夫人》や、やはり日本が舞台のマスカーニ《イリス》のタイトルロールなどを歌った。

三浦がロンドンで注目を浴びたのは、「日本が舞台のオペラに日本人が主演」するというものめずらしさも手伝ってのことだった。それでも当時の批評は総じて三浦の歌に好意的で、本場で一流の歌手たちとの共演をかさねるうちに、三浦の歌唱そのものも長足の進歩をとげたようだ。一九二〇年からはモンテカルロやバルセロナのほかフィレンツェやナポリなどイタリア各地でも歌い、ローマのコスタンツィ劇場ではプッチーニが観劇し、三浦の楽屋をおとずれて称賛したという。こうして一九三五年に帰国するまでに、アリアや重唱だけの機会をふくめてだろうが《蝶々夫人》の舞台に二千回ほど立ったとされる。

三浦環の活躍のおかげで、欧米では蝶々さんを日本人に歌わせることがはやり、日本人歌手にチャンスが広がった。なかでも傑出していたのが横浜生まれの喜波《きわ》貞子《さだこ》（一九〇二～一九八三）である。オランダ人の血を引く喜波は十三歳から在日イタリア人に声楽を習い、一九二〇年に十七歳でイタリアに渡ると、二年後にはリスボンの歌劇場に《蝶々夫人》でデビュー。一九二三年以降はパリ、ローマ、ロンドン、チューリッヒ、ベルリン、マドリッド、ウィーンなどヨーロッパじゅうの歌劇場を席巻し、三浦環よりも美しいイタリア語と完璧な発声、スケールの大きな歌唱が評価された。ポーランド人と結婚後、日本に帰国しないまま

Teiko Kiwa

ニースで八十一歳の生涯を閉じている。

これにつづくのがカリフォルニア生まれの長谷川敏子だ。スカラ座ではじめて蝶々さんに起用された日本人で、一九四四年、一九四七年、一九五一年とスカラ座で歌ったほか、イタリア各地で蝶々さんの常連だった。戦後の歌手では大阪に生まれて東京藝術大学で学んだ東敦子（一九三六〜一九九九）が真っ先に挙げられよう。一九六一年にイタリアに留学し、一九六三年にイタリアのメラーノで歌ったのを皮切りに、ヨーロッパ各地で数百回にわたり蝶々さんを歌い、かけ値なしに国際的な活躍をした。香川県出身でやはり東京藝大に学んだ林康子（一九四三〜）も一九七三年以降、スカラ座でなんども蝶々さんを歌い、福岡県出身の渡辺葉子（一九五三〜二〇〇四）もロイヤル・オペラ・ハウスやスカラ座などにデビューしたのち、一九八三年にはMETで蝶々さんを歌っている。

ここでもういちど世界に目を向けたい。戦後の記憶に残る蝶々さんには、まず南イタリアのバーリに生まれたリチア・アルバネーゼ（一九〇九〜二〇一四）がいる。一九四〇年以降は活動の拠点をMETに移し、一九六〇年までMETで蝶々さんといえばアルバネーゼだった。生来の強靭な声は清澄でもあり、音域が変化してもぶれず、微妙なニュアンスを加えることができた。スピントの効いた清純な声を端正に響かせたイタリアのペーザロ生まれのレナータ・テバルディ（一九二二〜二〇〇四）もおなじ流れに連ねられるだろう。一方、少女の可憐さを前面に出して幅のある表現で聴かせたのが、スペインのカタルーニャ出身のビクトリア・デ・ロス・アンヘレス（一九二三〜二〇〇五）だ。

つづいて、声のていねいな作りこみと緩急自在の表現でイタリアのサヴォナ生まれのレナータ・スコット（一九三五〜）、舞台では歌っていないが、録音で聴かせた叙情性とたくみな表現の両立で同モデナ生まれのミレッラ・フレーニ（一九三五〜）が挙げられる。近年では二〇一六年に亡くなった同ジェノヴァ生まれのダニエラ・デッシー（一九五七〜二〇一六）が、清澄で気品があり、少女の初々しさもほどよく表現された蝶々さんを聴かせた。

アルバネーゼやテバルディのような強く厚い声による余裕ある表現も捨てがたいが、かならずしも強くない声を制御し、少女の成長を生々しく描写したデッシーの表現に、日本人が蝶々さんを歌うヒントがあると思われる。初演で歌いプッチーニもご執心だったストルキオは、ベルカント様式の華麗な表現も得意だった。デッシーも同様で、十五歳にふさわしい声を響かせながら、無理のない発声でのどへのリスクを回避していた。

生来の声が強く厚い日本人歌手は多くない。しかし声は強くなくても、横隔膜に連動させて舌根の奥から深く発音し、頭蓋に自然に響かせるという、イタリア人の生理にもとづいた発声をものにできれば、声を傷《いた》めずに厚く響かせることはできる。喜波貞子が欧米で高く評価されたのは、若いうちにイタリアに渡って本場の人たちの生理を自然に身につけられたからだろう。日本人歌手が海外で活躍するためには、欧米人には自然でも日本人には不自然なことを、自然にできるようになることが欠かせないはずである。

6 イタリア人若手指揮者「三羽烏」それぞれもち味はこんなにちがう

近年、歌い手は他国出身者に押され気味なイタリア人だが、こと指揮者にかぎっては逸材が多い。なかでも若手指揮者「三羽烏」と称されるのが次の三人だ。ボローニャ市立劇場の音楽監督をつとめるミケーレ・マリオッティ、東京二期会で二〇一四年に《蝶々夫人》、二〇一七年に《トスカ》を指揮し、二〇一七年からリヨン国立歌劇場の首席指揮者になったダニエーレ・ルスティオーニ、やはり東京二期会で《ナブッコ》《イル・トロヴァトーレ》を指揮し、首席指揮者に就任した東京フィルハーモニー交響楽団と演奏会形式で《トゥーランドット》やマスカーニ《イリス》、ヴェルディ《オテッロ》などを取りあげたアンドレア・バッティストーニである。

マリオッティは二〇一一年にボローニャ市立劇場の引っ越し公演で、ベッリーニ《清教徒》とビゼー《カルメン》を指揮してから来日していないが、ほかの二人は日本でもすでに馴染みだといえる。

ところで、「三羽烏」とまとめて称したところで、これら三人に共通するのは「イタリア人の若手指揮者」であることだけで、音楽的な志向やもち味がおもしろいほど異なっている。それぞれへのインタビューをとおしても、それは明らかだ。

最初に、ペーザロのロッシーニ・オペラ・フェスティヴァル（ROF）の総裁を長年つとめたジャンフランコ・マリオッティを父にもつマリオッティの経歴だが、

「オーケストラの指揮をペスカーラの音楽アカデミーでドナート・レンゼッティ（一九五〇〜）に学び、それからペーザロのロッシーニ音楽院で作曲を勉強しました。ペーザロで生まれ育ったので夏はいつも劇場ですごし、そこで音楽への情熱、そしてロッシーニへの情熱が育まれました。幸運だったのは、ダニエーレ・ガッティ（一九六一〜）の後継として、オーケストラの楽員たちの推薦でボローニャ市立劇場の首席指揮者、つづいて音楽監督に就任できたことです。だから僕の音楽への情熱はペーザロで育ち、キャリアはボローニャでかさねたといえますね」

Michele Mariotti

最もお気に入りのオペラおよび作曲家についてたずねると、

「モーツァルトです。モーツァルトのメソッドが基本だと思っていますので。ロッシーニのいくつかの作品がそれにつづき、そこには《湖の女》と《ギヨーム・テル》がふくまれます。それからヴェルディ。モーツァルト、ロッシーニ、ヴェルディ、そしてプッチーニが、オペラ全体の骨格を形成すると思っています」

マリオッティの言葉からはイタリア・オペラへの偏愛およびベルカントへの情熱と同時に、進歩主義的な音楽史観を排除しようという姿勢がうかがえる。

「ロッシーニの作品は成長過程をたどりませんが、ヴェルディはたどっています。だからヴェルディの初期作品は、後期の成熟した作品にくらべると劣っているように考えられがちですが、僕はそういう評価は好きではないですね。ヴェルディの初期作品は、そういうもの、そうあるべきもので、作曲家が手を抜いたものではありません。たとえば《二人のフォスカリ I due Foscari》（一八四四年初演）に満ちる色彩のニュアンスは《シモン・ボッカネグラ》につながります」

「芸術の民族主義」を嫌うルスティオーニ

一方、ミラノ生まれのルスティオーニは、意識してゼネラリストであろうという姿勢を示し、「芸術の民族主義」をきらう。それを彼じしんの言葉で説明してもらうと、

「ヴェネツィアのフェニーチェ劇場で《群盗 I masnadieri》（一八四七年初演）を指揮すると、〝ああ、ルスティオーニはヴェルディが得意だな〟といわれ、その後、ローマで《ラ・ボエーム》を指揮すると、〝ルスティオーニにあうのはプッチーニだ〟と騒がれる。ペーザロでロッシーニを振れば〝ルスティオーニはロッシーニが上手だからプッチーニは得意でないはずだ〟といわれてしまう。でも、そういう判断は愚かだと思います。イタリア人の指揮者はロッシーニ、ヴェルディ、プッチーニのいずれも、それぞれの様式で指揮できるべきだと、僕は確信しています」

だが、ルスティオーニの志向はイタリア・オペラにとどまらない。それは彼の経歴とも関係していると思われる

「ミラノのジュゼッペ・ヴェルディ音楽院で学ぶ以前から、スカラ座に頻繁に出入りしていました。

合唱団員の母の勧めでスカラ座の合唱のオーディションを受け、以後、七、八年をスカラ座ですごし、リッカルド・ムーティが指揮するオペラを観て育ちました。僕の音楽への情熱は劇場のなかで生まれたのです。音楽院卒業後はシエナのキジアーナ音楽院でジャンルイージ・ジェルメッティ（一九四五〜）に学び、それからロンドンのロイヤル・オペラでアントーニオ・パッパーノのアシスタントをつとめました」

Daniele Rustioni

こうしてオペラ指揮者としての土台を築くと、つづいて、「二〇〇八年から二年間、サンクトペテルブルクのミハイロフスキー劇場の首席客演指揮者をつとめましたが、同じ広場にユーリ・テミルカーノフ（一九三八〜）率いるサンクトペテルブルク・フィルハーモニー交響楽団の本拠地がありました。テミルカーノフ指揮のロシアの交響曲を数多く聴いて、僕じしんもロシアのレパートリーをいくつも指揮するようになったんです。だから、僕は演奏会に可能なかぎりロシアのレパートリーを入れます。ヘルベルト・フォン・カラヤン（一九〇八〜一九八八）が、あるいはイタリア人ならカルロ・マリア・ジュリーニ（一九一四〜二〇〇五）やアッバードがそうだったように、完璧な音楽家はイタリア作品のほかに、ドイツやロシアの交響曲、フランス音楽も指揮するもの。僕は三十年後に完璧な音楽家になっているために、いま勉強と広い経験をかさねています」

　そんなルスティオーニが好きなオペラはなにか。

「イタリアものではヴェルディの《オテッロ》とプッチーニの《トスカ》。ほかにはリヒャルト・シュトラウスの《サロメ》とワーグナーの《トリスタンとイゾルデ Tristan und Isolde》（一八六五年初演）。以上、四つですね」

　これら若手指揮者を過去の巨匠とくらべると、だれに似ているだろうか。無理にこじつけると牽強《けんきょう》付《ふ》会《かい》のそしりをまぬかれないのを承知でいえば、ルスティオーニはタイプがアッバードに近い。一方、マリオッティは、レパートリーも音楽観も異なるという前提だが、横溢するカンタービレやエレガンス、引きしまった造形と融通無碍《むげ》のテンポ感との両立という点で、あえていうならトゥーリオ・セラフィン（一八七八～一九六八）だろうか。

十九世紀末から二十世紀を好むバッティストーニ

　バッティストーニも、必ずしもイタリア作品を偏愛していない。彼の経歴にはルスティオーニと似ているところがある。

「僕もロシアで学び、ロシアで仕事をしました。しばらくサンクトペテルブルクに滞在し、はじめてプロのオーケストラを指揮したのはロシアです。二十歳のころ、ロシアの学校に通いながらロシアのレパートリーをたくさん演奏し、ロシア音楽にはイタリアの音楽とひじょうに似たところがあると気づきました。それはメロディーへの偏愛であり、音楽によって物語を話し聴かせるところです」

このようにロシア音楽への情熱を見せると同時に、「音楽の礎《いしずえ》」としてのベートーヴェンについて熱く語り、

「イタリア人指揮者はどうしてもオペラの指揮を多くリクエストされますが、僕じしんは交響曲が大好きなので、交響曲との関係をもっと深めたいと願っています」

と訴えるバッティストーニ。好きなオペラを尋ねてみた。

「ヴェルディにかぎれば、最後のオペラである《オテッロ》か《ファルスタッフ》がいちばん好きです。明らかに後期の作品のほうが好きですが、《マクベス》《リゴレット》《ラ・トラヴィアータ》《仮面舞踏会》もよろこんで指揮します。あと、故郷のアレーナ・ディ・ヴェローナの看板演目である《アイーダ》にも好感をいだいていますが、このオペラはちょっと伝統の方向に〝後退〟していますね。しかし、すべてのオペラのなかで僕を一番楽しませ、興奮させてくれて、いつでも気持ちよく指揮できるのは、プッチーニの《トゥーランドット》です」

《アイーダ》を「〝後退〟している」とネガティヴに評することからもわかるが、バッティストーニは革新を好む。その点がマリ

Andrea Battistoni

オッティと決定的に異なる。彼にとっての一番が《トゥーランドット》だとして、二番目以降にはどんな作品が位置するのだろうか。

「《トゥーランドット》はうたがいなく一番で、二番目は難しいけど、美しい《オテッロ》ですかね。三番目は《トスカ》。プッチーニのオペラのなかでいちばんすぐれている。ただしプッチーニのオペラはどれも完璧です。偉大なプッチーニが書いたオペラはどれも現代的で、僕らにとても近く感じられるんです。ヴェリズモの作曲家のオペラも楽しめます。リッカルド・ザンドナーイの《フランチェスカ・ダ・リーミニ Francesca da Rimini》（一九一四年初演）には特別に思い入れがあるし、ジョルダーノの《アンドレア・シェニエ》やレオンカヴァッロの《道化師》、マスカーニの《イリス》も大好きです。十九世紀末から二十世紀のイタリア・オペラには真実があって、いつも感動させられます。マスカーニの《友人フリッツ L'amico Fritz》（一八九一年初演）も真実のオペラで、ほんとうの感動をあたえてくれます。しかし、いちばん偉大なのはやっぱりプッチーニですね」

バッティストーニは過去のイタリアの巨匠では、アルトゥーロ・トスカニーニを意識しており、その名は彼の会話によく出てくる。ちなみに、バッティストーニは「ベルカントは好きではない」と明言する。だからマリオッティとはみごとに棲《す》みわけができており、両者の中間にルスティオーニがいる。インタビューすると三人がいずれも、たがいを意識していると感じるが、そうして切磋琢磨しつつも、あらかじめ計算したかのように、それぞれの居場所が理想的に位置づけられている。幅広いレパートリーを楽しみたいイタリア・オペラのファンには、ありがたい状況だというほかない。

7 日本人「脇園彩」は世界のメッゾソプラノになれるか

《蝶々夫人》の項にも書いたが、日本人のオペラ歌手は数多いのに世界レヴェルで活躍する人はほとんどいない。東洋人の容姿が西洋の舞台芸術にあわない、というのが理由なら、中国人や韓国人の歌手も少ないはずだが、彼らは近年、欧米での活躍がめだつ。なぜ日本人だけが活躍できないのか。

そんななか、一頭地を抜く存在として注目を集めはじめたメッゾソプラノがいる。脇園彩（一九八八〜）。日本では、たとえば二〇一七年四月、新百合ヶ丘のテアトロ・ジーリオ・ショウワで上演された藤原歌劇団公演《セビリャの理髪師》に客演し、ヒロインのロジーナ役を歌った。聴いた人は、おそらくほかの歌い手を圧したと思われる彼女の歌を記憶にとどめたことだろう。

しかし、脇園が傑出しているのはイタリアでの活躍である。二〇一六年にミラノのスカラ座研修所を修了した彼女だが、その前後からの記録を見ても、二〇一六年一月から二月にヴェローナのフィラルモーニコ劇場で《ラ・チェネレントラ》、五月にボローニャ市立劇場で《セビリャの理髪師》、十月にサルデーニャ島のカリアリで《試金石 La pietra del paragone》、十一月と十二月にスカラ座で子供のための公演《ラ・チェネレントラ》と、ロッシーニのオペラの、それもヒロインばかりを立てつづけに歌った。二〇一七年は二月にフィラルモーニコ劇場で《カプレーティとモンテッキ》のロメオ役。これは彼女がはじめて挑んだベッリーニだった。ほぼ同時にトリエステで《セビリャの理髪師》のロ

Aya Wakizono

ジーナ役を歌い、三月にはボローニャ市立劇場で《イタリアのトルコ人》のザイダ役……。

　欧米でイタリア・オペラを歌って受け入れられ、活躍した日本人の歌手は、戦後ではソプラノの東敦子や林康子の名が浮かぶ。しかし、彼女たちに共通しているのは《蝶々夫人》のタイトルロールを数多く歌ったことで、三浦環以来、日本人の女性歌手が欧米でチャンスを広げるためには蝶々さんを歌うのが近道だった。裏をかえせば、自分の声にあうかどうかは二の次にして蝶々さんに挑戦しないことには、日本人の欧米でのキャリアははじまらなかった。一方、メッゾソプラノの脇園に蝶々さん役は無縁だ。掛け値なしに自分の力で主役をつかんでいる彼女が、日本人のオペラの歴史に新しいページを開こうとしているのは、まちがいない。

　二〇一七年八月には、脇園はペーザロのロッシーニ・オペラ・フェスティヴァル（ROF）でヒロインを歌った。《試金石》のクラリーチェという未亡人の役だ。女性に猜疑《さいぎ》心をいだき、結婚する気になれない伯爵をめぐり、クラリーチェとほかに二人の女性が、彼と結ばれることを願って動きまわる。そこにクラリーチェに思いを寄せる騎士、ちょっかいを出す詩人やジャーナリストが加わって話は展開し、最後の最後、伯爵はクラリーチェと結ばれる。ロッシーニが弱冠二十歳で作曲したこの全二幕のドランマ・ジョコーゾ、平たくいえばオペラ・ブッファは、一八一二年九月にスカラ座で初演されて大成功をおさめたこの作曲家の出世作だ。私は八月十一日の初日と十四日に鑑賞した。

ROFで中心的に演奏するオーケストラは二〇一七年、ボローニャ市立劇場管弦楽団からRAI国立交響楽団にかわった。オペラの経験が豊富とはいえないこのオーケストラを指揮して真正のロッシーニを聴かせたのは、若手指揮者「三羽烏」のひとり、ダニエーレ・ルスティオーニだった。序曲からロッシーニのオペラ・ブッファに欠かせない軽《かろ》みが表現されながら、音の密度は濃く、音楽が引きしまっている。たとえば第一幕フィナーレにおける合唱の小気味よいテンポと切れ味、エネルギッシュで快活なストレッタなどは、軽ろみと共存して、ロッシーニらしい生命力がみなぎっていた。この指揮者はヴェルディを振ればヴェルディらしく、プッチーニを振ればプッチーニらしくなる。このたびはじつにロッシーニらしい音楽で、その適応力の高さには感心するほかない。

舞台は二〇〇二年の再演だったが、ピエール・ルイージ・ピッツィ（一九三〇〜）の演出はモダンで瀟洒な別荘を舞台に、庭にもうけられたプールやオーケストラ・ピットの周囲をフルに活かしながら、人物を台本に書かれている以上に快活に動かす。二〇〇二年に観たときよりも、人物の動かし方や舞台の使いかたがダイナミックになっていた。衣装の着がえが頻繁だが、物語の展開のなかで自然におこなわれ、それぞれの衣装も洗練されているので、視覚的な満足度も高い。

さて、脇園は第一幕の登場のカヴァティーナから存在感を示した。驚かされるのは、やわらかく、深く、エレガントな発声である。力みや作為が感じられない自然な響きで、日本人のそのような声を、私はこれまで聴いたことがなかった。そして秀でた技巧。洗練された声と卓越した技巧を誇ったと伝えられるコントラルト、マリア・マルコリーニ（一七八〇〜一八五五）のために書かれたクラリーチェ役だが、脇園の技巧に不足はない。敏捷《びんしょう》なアジリタもこれ見よがしでなく、声が自然に走っている。潜在力のある歌い手がただしいメソッドにもとづいて理知的な努力を積みかさねないかぎり、こうした自然な声や響きはえられない。イタリア語も、日本人歌手では聴いたことがない水準で美しい。

もうすこし強い響きをもつと、表現も歌える役も格段に広がると思われるが、無理のない発声とテクニックを身につけているので、キャリアを積むなかで自然と備わってくるだろう。身長もあり、舞台姿も堂に入っているから、見た目にも共演陣に引けをとらなかった。

日本人離れした知性と意識の高さ

脇園の歌を聴くことは、公演の前々日にインタビューして聞いた、彼女の言葉をひとつひとつ確認することでもあった。結論を先にいえば、彼女は知性と意識が、ほかの日本人歌手たちとは次元を異にして高かった。

女子校最難関の桜蔭《おういん》中学、高校に通っていた脇園は、はじめは小児科医にあこがれていたが、英語劇部に所属して舞台芸術に目ざめた。ただし当初の目標はミュージカルで、「ダンスの素質がないので歌を武器にするミュージカル女優になりたいと思った」という。「歌をきわめるなら最難関をねらおう」と東京藝大をめざし、一浪して合格。入学後、メトロポリタン歌劇場の来日公演でルネ・フレミングがヴィオレッタを歌った《ラ・トラヴィアータ》を観て、生の声の迫力と華麗な舞台に魅せられ、目標をオペラに変更した。

イタリアを強く意識したのは大学院一年目。ソプラノのマリエッラ・デヴィーアのマスタークラスに参加し、「高層ビルは上階からは建てられないでしょ」などと「コテンパンにされて」からだという。文化庁から二年間の奨学金をえられるように周到に準備し、大学院修了後、二〇一三年十月からパルマのアッリーゴ・ボーイト国立音楽院に留学した。

ロッシーニ・オペラ・フェスティヴァルの《試金石》でヒロイン、クラリーチェを演じる脇園彩

「ところが、パルマに二年間留学するつもりが、翌二〇一四年三月にペーザロのロッシーニ・アカデミーのオーディションに受かり、七月にアカデミーを受講中、レッスンがない日にミラノにいき、スカラ座研修所のオーディションを受けたら受かったんです」
脇園は立てつづけの合格を「ついていた」と回想するが、ほんとうは合格への流れを引きよせたはずだ。そう感じたのは、以下の話を聞いてのことである。
「パルマに留学するまえ、ドイツの〝あたらしい声〟というコンクールに参加し、カルチャーショックを受けました。ほかの若い歌い手たちは歌のレヴェルが高いのはもちろん、コミュニケーション能力というか、生活上のテンションがぜんぜんちがった。別次元の世界だと思い知ったんです」

その体験をとおして、脇園はなにを学んだのか。

「歌は言語が土台なので、言葉がわかっていないとうわべだけのものになってしまう。しかも、しゃべれるだけではなく、その言語の特性を外側からも内側からも知ることが大事なんだと。イタリア語は以前から勉強していました。ただ、留学して三カ月くらいは、話せないしこわいしで家にこもっていたんです。もどかしい気持ちもありましたが、その間に本を読んだり録音を聴いたりして、多くのインプットができました。また、先輩方と声やイタリア語について、日本人として外側から客観的に討論をかさねる機会ももてて、そこでベースができた感じがありました」

現在、レパートリーの中心においているロッシーニとは、どのように出あったのか。

「大学受験生のとき先生から《ラ・チェネレントラ》のアリアを渡され、その時からアジリタを歌うのは快感でした。大学の同級生は美声ぞろいで、私はコンプレックスをいだいていたんですけど、アジリタを歌うとみんな感心してくれて、アジリタならこの人たちに勝てるかな、と思ったということもあります。またスカラ座研修所に入れたのは、ちょうど子供のための《セビリャの理髪師》《ラ・チェネレントラ》のヒロインを歌えるメッゾソプラノを募集していた、という事情もあるんです」

脇園にはスカラ座研修所という場が、たんに歌を学ぶ場所にとどまらなかった。

「スカラ座には本公演のために、演出家も指揮者も一流どころが多く集まるじゃないですか。一流の人に触れるだけでも生き方や考え方など強く影響を受けるし、こういうふうにキャリアを築いていけばいいんだ、というロールモデルを見せてもらえました」

脇園がほかの多くの日本人歌手とちがうのは、歌を磨くことだけに意識がとどまっていないところだ。オペラや歌が根ざしている生活や文化全体を意識し、対象化して客観視し、概観できたところで、みずからそこに同化しようとこころみている。

「自分を知るのと同時に、自分の周囲がどうなっているのか客観的に知ることが大事だと思っています。藝大時代から疑問視していたのは、〝オペラ科はバカでいい〟という風潮です。大事なのは世界を知ること、本を読むこと、言語を学ぶこと、そしてあたらしいことを学ぶこと。その好奇心こそたぶん一流の歌手に必要な要素のひとつで、じっさい一流の人たちを見ていると、みんなあたらしいことを探し、挑戦することをやめません」

オペラの世界を深く体感するなかで、唯我独尊が敵であることも学んだようだ。

「まえに進むほど、自分がなに者でなにをしたいのかということは明確になってきます。すると心に余裕が生まれ、舞台上でも自分を客観的な目線で見られるようになります。この心の余裕に人

ペーアロのロッシーニ劇場の前で（撮影：著者）

は惹かれるのではないかと思います。若いころはきらびやかなキャリアに憧れましたが、じつはキャリアを築くのとよい歌を歌うのは別のことでした。自分にうそをつかずに、自分がめざす音楽をいつでもできる芸術家になりたい。本物をつくりあげたいし、本物といえる人とつきあっていきたい」

彼女が語る「本物」の条件のひとつは、伝統に正しく根ざしていることだと思われる。

「オペラは伝統芸術である以上、型を破ってはいけません。型を知りつくしたうえで自分のスタイルを加えていくのが、伝統芸術をになう芸術家の仕事。デヴィーアはそういう姿勢をつらぬく芸術家の典型で、私は彼女の人としての生きかたにすごく共感します」

結果として、脇園はいま、ヨーロッパの歌劇場で主役を次々に射止めている。

「主役を歌う歌手と準主役級の歌手とでは、キャリアのつくり方がちがいますね。主役を歌う歌手は、自分をより追いつめていける人じゃないとむずかしいと思う。舞台に立ったときに〝自分はここにそぐわないかも〟と思ってしまったら終わりです。そんな人の歌は聴きたくないじゃないですか」

大スターになる可能性

ROFの本公演へのデビューとなった《試金石》についても聞いた。

「クラリーチェはメッゾソプラノよりもむしろコントラルトの役で、低い音が多くてたいへんですが、これまで低い音に向きあってこなかったので、よい勉強になりました。そして自分の声の自由度が上がり、余裕ができました。最近、あたらしい先生に出あって教わったのですが、以前はがんばっていないから低音が出ないというとらえ方をしましたが、じつは逆で、とことんゆるめて、できるだけ少ない息で歌うことだったんです」

演出や指揮についてはどうだろうか。

「演出のピッツィは、歌い手はどう動かせばよい歌が歌えるかを見こしていて、なにもさせないけれど観客を退屈させません。美的センスにも脱帽させられますね。指揮のルスティオーニは、あれだけのキャリアがある人なのに、話を聞いてあわせてくれる。それにシンフォニーのオーケストラという印象があったRAI国立交響楽団から、すごく美しいピアニッシモを引きだすので驚きました。けっして声を荒げたりせず、いつも冷静です。また、このオペラはロッシーニが書いた指示を守る以上に適切なテンポ設定が必要だと思いますが、彼はその読みがすごくてセンスがいい。ルスティオーニの指示をていねいに読みとって、音楽的な細かい仕かけをどのくらい盛りこめるか、それが難しいのですが、第一幕のフィナーレなど、歌っていると究極のよろこびを感じます」

脇園が「日本人歌手の僻地《へきち》」で活躍をはじめることができた理由にもどろう。

「イタリア語と日本語では言語の特性がまったくちがいます。だから、イタリア人には歌う場所もしゃべる場所も一緒なのに、日本人にとっては歌うということが特別なことになってしまうんです。でも、そう意識しすぎると、筋肉に余計な負担がかかって声が出にくくなってしまいます。だから、イタリア語をしゃべることが特別でなくなるのが大事。そうなると表現にもっとエネルギーを注ぎこめるようになります。私はなんの経験もないままイタリアにきて、状況に慣れるしかないなかで、こちらの人がペーザロのアカデミーでもスカラ座研修所でも、コミュニティに入れてくれたのが大きかったですね」

今後はモーツァルトのほか、ベッリーニやドニゼッティなどにもレパートリーを広げていきたいと語る。そんな彼女について、ルスティオーニに感想を聞いた。

「彩が偉大な歌手になれるか？　もちろん、なれます。彩の歌を聴いて僕は思わず〝これまで聴いたことがないレヴェルの日本人歌手だ！〟といいました。まずイタリア語の発音が完璧。そのうえスタイルが洗練され、フレーズがとてもイタリア的。それに彼女、かなり若いですよね？　ミラノには若い歌手が集中しているけど、ソプラノやテノールが多いから、メッゾソプラノにはチャンスが多いと思う。もうすでにすばらしいし、音程も完璧だし、近い将来、大スターになると思いますよ」

また、ROF芸術監督のエルネスト・パラシオもこう語った。

「声域が広く、コロラトゥーラが容易で、とてもきちんとしたスタイルで歌う。人柄もよく、多くの資質をもっていて、すぐに世界をまたにかけて歌うようになるでしょう。イタリア語もひじょうに上手で、日本とイタリアの両方に国籍があるみたいです(笑)。それに容姿もいいですからね」

もちろん世界的なキャリアという点では、まだ駆けだしである。欧米のすぐれた歌手とくらべて傑出している、という水準には達していない。しかし脇園の声と、テクニックと、語る言葉のなかに、今後のキャリアをうらなううえでネガティヴな要素は見いだせなかった。

終章

Final Chapter

「オペラを博物館に入れるな」の意味を疑え！

ヨーロッパのクリスマス・イヴというと、オペラになじみがある人は、プッチーニ《ラ・ボエーム》の第二幕に描かれたパリのカルチェ・ラタンのにぎわいを思い浮かべるのではないだろうか。最近のイタリアも、日中の鉄道は時速三〇〇キロを誇る「フレッチャロッサ」を中心に、クリスマス休暇を利用した帰省客たちで軒なみすしづめになり、いわゆる網棚までが大小のスーツケースですき間なく埋めつくされる。そんな混雑のなかでも、家族と同様のあつかいを受けている犬が座席に堂々と座っていたり、通路に腹ばいになっていたりするのが微笑ましいが、夜の街は一転し、《ラ・ボエーム》はもちろん、日本のクリスマス・イヴを想像していても、とんだ肩透かしをくらう。

大半の商店は十二月二十四日の日中から閉まっており、夜になれば飲食店ぐらいは開くのでないかと思うとそんなことはない。二〇一五年にはミラノで十数件のリストランテやトラットリアに電話をかけ、ようやく奇特な店を一軒見つけることができたが、あくるクリスマス当日の晩はその店も休みになっていた。学習した結果、二〇一六年のイヴはフィレンツェの友人宅に逃げこむことにした。

イタリアのクリスマスは日本の正月のように、夜は自宅で家族といっしょにすごすのがならわしで、レストランのかきいれどきである日本とは、だいぶ事情がちがう。だから、十二月二十四日や二十五日にはオペラが上演されることも少ないが、二〇一六年の十二月二十四日をフィレンツェですごしたのは、例外的にオペラを鑑賞できたからだった。ただし開演時間は午後三時で、聖夜の家族だんらんに間にあうように配慮されていた。

旧約聖書を素材にしており、構成の面でもオラトリオに近いヴェルディの《ナブッコ》が演目に選ばれたのは、この日にヘンデルの《メサイア Messaiah》（一七四二年初演）を演奏するのに近いねらいによるものだろう。老朽化したフィレンツェ市立劇場 Teatro comunale di Firenze から二百メートルほど北西に二〇一四年に本格オープンしたオペラ・ディ・フィレンツェ Opera di Firenze で上演された《ナブッコ》は、街そのものが博物館であり美術館であるかのようなフィレンツェで鑑賞したことと相まって、多くのことを考えさせられるきっかけになった。

音楽をささえる演出の満足度

幕間にはクリスマスツリーのたもとで金管奏者たちがクリスマスにまつわる曲をサーヴィスで聴かせるなど、なごやかな空気につつまれたこの日の劇場の居心地は、結論からいえばとてもよかった。まずベルリン・ドイツ・オペラの音楽監督などもつとめたレナート・パルンボ（一九六三〜）の指揮のもとで、管弦楽がデリケートで軽やかな音を奏でた。《ナブッコ》は二十代のヴェルディの情熱が、荒削りのなかにもストレートに表現されたエネルギッシュな作品というイメージが強い。たしかに、それまでのオペラに欠けていた活力がみなぎっていることは《ナブッコ》の魅力のひとつである。けれども一方で、このオペラはロッシーニの《エジプトのモゼ》から少なからぬ影響を受けるなど、それまでのイタリア・オペラの血脈であるベルカント様式の名残も色濃くとどめている。だから軽やかな音や響きもあわせもつはずで、パルンボが紡《つむ》ぐ音は、このオペラがベルカントの直系であることをあらためて認識させてくれた。

たとえば序曲のストレッタは躍動的で、力強いだけではなく、ロッシーニ・クレッシェンドのような軽やかな推進力が軸になっている。あるいは第二部におけるアビガイッレのアリアの序奏。管弦楽のあわただしい動きはアビガイッレの心の動揺を象徴しながら洒脱と呼べるほど軽快で、このアリアであらわされる微妙な心は、けっして力づくに歌われてはならないと諭しているようでもあった。そうかと思うと同じ第二部のフィナーレの、バビロニア軍とともにナブッコが侵入する場面の合唱をまじえた大アンサンブルは雄渾《ゆうこん》に表現され、つづく錯乱したナブッコの切々たる訴えは、軽やかな序奏にみちびかれながら緩急自在にあらわされる。

第三部の狂気にとらわれたナブッコとアビガイッレとの対話も、テンポやリズムを微妙に動かしつつ繊細なアーティキュレーションによる細やかな描写が秀逸。ヘブライ人たちの合唱「行け、わが思いよ」は、ピアノでやわらかくはじまってからしだいに、絶妙のテンポで音量を上げ、この音楽が内包するダイナミズムを自然に引きだしていた。そして第四部、ナブッコのアリアではカンタービレと急速なカバレッタの対比があざやかで、初演時の熱狂が伝わるようだった。

ただ、指揮者が管弦楽を柔軟に制御してニュアンスや色彩を引きだし、《ナブッコ》の本質を浮びあがらせた一方、歌手たちに対しては不満も残った。タイトルロールを歌ったギリシャ出身のバリトン、ディミトリ・プラタニアス（一九七〇〜）は、美声でフレージングは流麗だが、立派すぎる体躯から想像されるとおり、変幻自在の管弦楽に俊敏に呼応するまでにはいたらなかった。アビガイッレを歌ったローマ生まれのソプラノ、スザンナ・ブランキーニは、声量とドラマティックな表現力は圧倒的だが、ベルカントの様式に近いはずの《ナブッコ》が、むしろヴェリズモに近く感じられてしまった。ザッカリア役のバス、リッカルド・ザネッラートがひとり気をはいていたが、原典に忠実であろうとして新鮮な響きを呼びおこしている管弦楽と、解釈が古いままの歌唱とが、あまり噛《か》みあわないのは残念だった。

初演で歌ったバリトンのジョルジョ・ロンコーニとソプラノのジュゼッピーナ・ストレッポーニは、ともに名だたるドニゼッティ歌いだった。ドニゼッティのオペラに向く柔軟な声のほうが、ヴェルディが《ナブッコ》にこめた細やかな表現に適応しやすいと思われるが、プラタニアスもブランキーニも、ドニゼッティを歌っている姿を想像しにくい歌手であった。

それでも公演に満足できたのは、管弦楽のほかに演出が秀でていたからである。南部プーリア州のマルティーナ・フランカで生まれ育ったというレオ・ムスカートの演出は、ト書きに忠実で衣装も古典的だが、舞台にはモダンな感性に照らされた美しさがあり、伝統を尊重しながらあたらしさが感じられるものだった。嘆きの壁のような石の壁が（「嘆きの壁」じたいはナブッコの時代にはまだなかったはずだが）さまざまに組みあわされ、神殿のまえから王宮の内部までを構成し、そこに火や靄《もや》、光をたくみにあしらって、絵画的な光景を現出させるのだ。効果的な照明の使いかたは、ときにヨハネス・フェルメール（一七三五～一七七二）が描いた室内のようであり、ことにドラマティックな場面では、照明による色濃い明暗のなかに登場人物たちの演劇的で象徴的な動きが浮びあがり、ミケランジェロ・メリージ・ダ・カラヴァッジョ（一五七一～一六一〇）の絵にも似ていた。こうして場面の数々が絵画的に印象づけられるのだ。また

オペラ・ディ・フィレンツェで上演された《ナブッコ》でのヘブライ人たちの合唱

群衆の一人ひとりまでが演劇的に動き、絶妙な照明効果とあいまって、登場人物の複雑な心理が描きだされる。石の壁のまえでヘブライ人たちが合唱し、天から黄金色の光が射す場面など、息をのむ美しさだった。

ローマで文学と哲学を学び、演劇畑を歩んでからオペラを手がけるようになったというムスカートの演出は、このオペラの起源を尊重し、そこに今日的な美意識と詩情を導きいれていた。そのあたらしさは音楽とからみ、音楽をささえていた。

ヴェルディを読みかえるむずかしさ

近年はヴェルディの演出にも、いわゆる「読みかえ」が増えている。伝統的なスタイルの演出では今日の聴衆、わけても若者の趣味や嗜好《しこう》にあわず、オペラ離れに拍車がかかってしまう。だから、いまを生きる人たちにとってアクチュアルな状況に場面を置きかえて演出する必要があるのだ——。それが読みかえを支持する人たちの大義名分である。演出家がみずからを差別化して売りこむために奇抜な演出をしているにすぎない、という現実もあるが、芸術もただ旧態依然としていては飽きられてしまうという主張に、理がないわけではない。

しかし、音楽面でスコアの批判校訂が進み、演奏法や歌唱法が見なおされているのも同じ理由によるものだろう。そこで気づくことがある。音楽のリノヴェーションでは、作曲家の意図や初演時の姿に忠実であろうとしているのに、こと演出にかぎっては事実上の無政府状態で、作曲家や台本作家の意図はしばしば完全に無視される。私はそこに違和感をおぼえる。

ヴェルディのオペラの大半は歴史物語で、ほとんどつねに具体的な時代や土地と結びついている。また、独特の熱気と倫理観に裏うちされた格調高さもヴェルディの作品の特徴だが、それには理由があるのだ。リソルジメント（国家統一運動）の前後という時代の変革期にオペラを書きつづけたヴェルディは、ある種の緊張感から自由になることがなかった。いいかえれば、ヴェルディは国家統一という理想のために道徳的であろうと意識していた。たとえばアビガイッレのような、一見したところでは悪役のような猛女が登場して王位簒奪《さんだつ》をたくらんでも、最後には反省し、ゆるしを請《こ》いながら死んでいく。そこで描かれているのはたんなる歴史劇の一場面にとどまらず、独立とあたらしい国づくりが喫緊の課題で、社会のあり方や人間の生き方が厳しく問われた時代の思潮が映しだされた理想の世界像なのだ。

そのうえヴェルディの音楽そのものも時代劇めいているから、思いつきで舞台を現代に移しても、ヴェルディが作品にこめた精神性をふくむ世界観からは遠ざかってしまう場合が大半である。

一例として、二〇一四年のザルツブルク音楽祭で上演された《イル・トロヴァトーレ》における、ラトヴィア生まれのアルヴィス・ヘルマニス（一九六五〜）の演出について考えてみたい。ちなみに歌手はアンナ・ネトレプコのレオノーラ、フランチェスコ・メーリのマンリーコという万全の布陣だったが、舞台はなぜか現代の美術館に置きかえられ、ルーナ伯爵の従僕フェッランドは案内人で、見学客が合唱を歌い、レオノーラも侍女のイネスも事務員。ルーナ伯爵は警備員で、アズチェーナもまた

ザルツブルク音楽祭（2014）における《イル・トロヴァトーレ》の舞台

案内人という按配《あんばい》。そして壁面にかけられた絵画が具体的な場面や人物を暗示していた。

たとえば第一幕、事務員のレオノーラがカヴァティーナを歌っているうしろには、アーニョロ・ブロンズィーノ（一五〇三〜一五七二）が描いた『エレオノーラ・ディ・トレドの肖像』がかかっている。トスカーナ大公コジモ一世（一五一九〜一五七四）に嫁いだスペイン生まれのエレオノーラ（一五一九〜一五六二）がレオノーラを暗示していることは明らかで、そこにジョヴァンニ・カリアーニ（一四九〇〜一五四七）の手になる『リュートを弾く吟遊詩人の肖像』、すなわちマンリーコの象徴が近づいてくる。つづいてプラシド・ドミンゴが歌うルーナ伯爵が警備員として登場し、それぞれの肖像を懐中電灯で照らすうちに、歴史的な衣装を着たマンリーコが絵画から抜けだしたかのようにあらわれ、いつしかレオノーラもルーナ伯爵も古典的な衣装にかわっている。第二幕、アズチェーナとマンリーコが二重唱を歌うときには、背後から親子の象徴として多くの聖母子像がせり出してくる。つまり、舞台を現代の美術館という小さな空間に閉じこめたかわりに、展示されている絵画に場面の広がりを担保させているのだ。

《イル・トロヴァトーレ》の筋書きは荒唐無稽《こうとうむけい》だから演出の助けが必要だ、という主張を聞くことがある。しかし、ヴェルディの緻密かつスケールの大きな音楽のおかげで、聴き手は自然にドラマに引きこまれる。そのさい、過剰な演出はドラマを楽しむうえでむしろ邪魔になる。ヘルマニスの演出は一定の教養を下敷きとしており、私個人としては楽しんだ面もあるが、ヴェルディの音楽が内包する大きなエネルギーは、やはり「美術館」には収まりきらないと思われた。

「博物館に入れる」のほんとうの意味

ところで、読みかえや現代化による新奇な演出を手がける人やそれを支持する人たちは、昔ながらの演出を批判して「オペラを博物館（美術館）に入れるな」と主張するのが通例である。ヘルマニスが演出した《イル・トロヴァトーレ》は、オペラを文字どおりに美術館に入れてしまったが、それは言葉の綾《あや》というもの。これもやはり「博物館に入れない」ための工夫だったと考えられる。だが、オペラを博物館に入れているのは、ほんとうはどちらなのだろうか。

二〇一六年のクリスマスの日中、つまり《ナブッコ》を鑑賞した翌日、フィレンツェの街を歩いた。大半の商店が閉まっているばかりか博物館も軒なみ休館で、キリストの誕生日を祝うべき教会も、なぜかその多くが一般の参観を受け入れていない。しかたがないので宮殿や教会の外観、屋外に展示さ

ヴェッキオ宮殿前のダヴィデ像（撮影：著者）

れた彫刻などを中心に観てまわったが、それでもじゅうぶんに楽しめるほど、フィレンツェは文化的なポテンシャルが高い。

ヴェッキオ宮殿のまえでは、ミケランジェロが彫った有名なダヴィデ像についてあらためて考えた。この像は今日、アッカデミア美術館の屋内に展示されているが、もともとはフィレンツェ共和国の庁舎だったヴェッキオ宮殿のまえに立っていた。巨人ゴリアテに果敢にいどむ少年ダヴィデは、フィレンツェを脅かすフランスなど勢力から都市国家を防衛するための象徴だったのだ。共和国を実質的に統治してきたメディチ家が追放され、サン・マルコ修道院長のジローラモ・サヴォナローラ（一四五二〜一四九八）の神権政治も瓦解《がかい》したのち、フィレンツェは一五〇二年、ピエロ・ソデリーニ（一四五〇〜一五二二）を主席にすえ、新しい体制を整えた。そんな状況を背景に、ミケランジェロは一五〇一年から一五〇四年まで三年をかけてダヴィデ像を完成させた。

雨ざらしでは大理石が劣化して、このルネサンスの記念碑がだいなしになってしまうから、屋内に保管するのはいたしかたない。いま、もとあった場所に立っているのは本物のできに遠くおよばないレプリカである。だが、それでも五メートル超の巨大なレプリカを、ヴェッキオ宮殿の粗石積みの壁を背に眺めるとき、アッカデミア美術館の屋内で本物の圧倒的な美しさと大理石にこめられたダイナミズムに見惚れたときとはまたちがって、この像がほんらいもつ意味と価値を体感できる。そしてこの像が制作され、ここに置かれた当時の人々が寄せたであろう思いを少年像のシルエットにかさねるとき、心に響くものがあった。

ヴェッキオ宮殿が面するシニョーリア広場からほど近いオルサンミケーレ聖堂は、外壁に十四の壁《へき》龕《がん》がうがたれて、それぞれに聖人像が飾られている。十五世紀初頭、フィレンツェの主要組合がそれぞれの守護聖人の像を当時の有名彫刻家に彫らせ、ここに設置したのだ。しかし、いま置かれているのはすべてレプリカで、オリジナルは屋内に保護されている。ドナテッロ（一三八六～一四六六）が彫った有名な聖ゲオルギウス像はバルジェッロ国立博物館内に展示されており、本物のまえに向かいたつと、甲冑《かっちゅう》を身につけ盾をたずさえた若者が秘めた闘志に圧倒されそうになる。だが、たとえレプリカでも、武具・甲冑師組合の発注によって制作された像をほんらいの居場所であった壁龕のなかに観たとき、この像がになってきた意味がはじめて飲みこめたように思う。

オルサンミケーレ聖堂の壁龕内の聖ゲオルギウス（撮影：著者）

こうした芸術作品を、保管目的で博物館に入れるのはしかたがないことではあるが、作品の意味や価値をたもち、観る人に伝えるうえで、望ましいことではない。あるべき場所から切りはなすことで、作品が誕生した理由も、作者のねらいも、になってきた役割も、みなあいまいになってしまうからだ。教会の礼拝堂に置かれていた祭壇画を美術館に運んできても、礼拝の対象であった作品ほんらいの生命力は観る人に伝わらない。ましてや現代的な演出をこらした企画展のなかに置かれたときには、カーネル・サンダースの像を寿司屋に置くぐらいちぐはぐになってしまう。

オペラも博物館に入れてはいけない

だからこそ、オペラも博物館に入れてはいけないのだ。しかし、現実には「博物館に入れるな」と主張する人にかぎってオペラを、それが誕生したコンテクストから引きはがして「博物館」に放りこんでいる。作曲家の意図や台本の精神、初演された当時の社会状況や背後に流れていた思潮から切りとって、博物館の企画展さながらに抽象的な空間に閉じこめてしまっているのだ。

たとえば、二条城二の丸御殿の黒書院を飾る狩野探幽《かのうたんゆう》一門が描いた襖絵《ふすまえ》を博物館で眺めたとしたら、味気ないばかりか、作品がおびるダイナミズムがなにに由来するのか、そもそもこれらの絵画はどのような歴史的な文脈のなかで誕生し、どのような役割を負ってきたのか、理解するのがむずかしくなってしまうだろう。同様に、オペラをもともとあった場所から取りはずし、作品が拠ってたつコンテクストとなんの関係もない「読みかえ」という衣を着せて「博物館」に展示する演出家たちが、

「オペラを博物館に入れるな」と声高に訴える姿は、滑稽《こっけい》であるとしかいいようがない。念のために断っておくが、どんな「読みかえ」も否定されるべきだといっているのではない。たとえば、ロッシーニの音楽はヴェルディなどにくらべて抽象的で、一音、一音節が台本に描かれた具体

ミキエレットが演出した ROF の《湖の女》
© Studio Amati Bacciardi

的状況と逐一からみあっているわけではないので、「読みかえ」が受け入れられやすい素地がある。二〇一六年八月、ペーザロのロッシーニ・オペラ・フェスティヴァル（ROF）で上演された《湖の女》はその一例だ。

このオペラはスコットランドのカリトン湖のほとりを舞台に、エーレナとマルコムという若いカップルが結ばれる話だが、ヴェネツィア生まれのダミアーノ・ミキエレット（一九七五～）の演出は、ボロボロになった廃屋を舞台に、すでに年老いて夫婦関係にもヒビが入っているエーレナとマルコムが過去を回想するという設定にかえられていた。だが、そうした仕かけによってむしろ、このオペラにロッシーニがこめたロマン主義的な叙情性が浮かびあがり、音楽が追憶めいた情緒を内包していることに気づかされた。また、指揮をしたミケーレ・マリオッティはインタビューしたさい、

「このオペラは音楽のなかに絶えず水がある」「ロッシーニはこのオペラで景色、色、霧、湿度といったものをみな音楽であらわしている」

と語ったが、ミキエレットの舞台も草が生い茂る湿っぽい廃屋に、ときおり水をからめることで、音楽がかもしだす雰囲気を、空気感から手ざわりにいたるまでうまく表現していた。《湖の女》の世界観を壊さず、その音楽の源流をたどれるという意味で、この演出は「オペラを博物館に入れる」ことからまぬかれていたのである。

いまを生きる聴衆の心の琴線にとどくように、オペラの見せ方を工夫すべきなのはとうぜんだ。伝統的であろうとするあまり、古ぼけてかび臭くなるよりも、廃屋を設営して湿った空気感をあらわしたほうがどれだけいいかわからない。ただし、仮にミキエレットが舞台を乾ききった大地にでも移していたら、ロッシーニの音楽は台なしになってしまっていただろう。

教会さえほとんどが閉ざされていたフィレンツェのクリスマスだったが、ドメニコ会の拠点で、同名の駅前にたたずむサンタ・マリア・ノヴェッラ教会には入ることができ、ドメニコ・ギルランダイオ（一四四九〜一四九四）がじしんの弟の力も借りて描いたトルナブォーニ礼拝堂のフレスコによる壮大な壁画『洗礼者ヨハネの誕生』『聖母マリアの誕生』『ザカリヤへの告知』を間近でゆったりと鑑賞することができた。それらは聖書の物語を描いているといいながら、そのじつ、ギルランダイオが生きた十五世紀後半のフィレンツェにおける上流階級のくらしを、人々の衣装から屋内の装飾にいたるまで精緻に活写した一大風俗画となっている。

これらフレスコ画の連作は、はじめて観た人たちが同時代の風俗の生き写しだと感じてからすでに五百年以上が経過しているが、いまなお新鮮で、心に響く。その理由のひとつは「博物館に入れられていない」からだ。ミケランジェロら芸術家のパトロンとしても名高いメディチ家のロレンツォ・イル・マニーフィコ（豪華王、一四四九〜一四九二）の伯父でもあるジョヴァンニ・トルナブォーニ（不詳〜一四九〇）からの依頼で、ギルランダイオが礼拝堂を装飾する契約を結んだのが一四八五年。それから五年がかりで描かれた壮大な絵巻は、描かれたときとおなじ空間の、おなじ壁面を飾っている。もし壁面から切りはなして「博物館に入れて」しまっていたら、当時のフィレンツェ共和国における宗教や文化の様相、それをささえた商人の存在やメセナのありかたなどに思いを馳せることが、はたしてどこまでできただろうか。

サンタ・マリア・ノヴェッラ教会内のギルランダイオ《聖母マリアの誕生》（撮影：著者）

「博物館に入れて」いないからといって、年月とともによごれ、劣化していくのを放置しているわけではない。トルナブォーニ礼拝堂にも近年、緻密な修復がほどこされ、古ぼけてかび臭くなりかけていた壁画に往時の鮮やかな色彩がよみがえっている。そしてフィレンツェ・ルネサンスの粋である美しく精緻な線描によって解剖学的に正確に描かれた人物像は、表情に気品をたたえ、たたずまいもじつにエレガントであることが伝わる。

雨ざらしの芸術品を紫外線や酸性雨から守る、あるいは芸術品が飾られていた建築物がなんらかの理由で壊れたり失われたりした、というのであれば「博物館に入れる」必要があるだろう。しかし、そうでないなら、芸術作品をそれが誕生したコンテクストから切りはなすことには、最大限に慎重であるべきではないだろうか。オペラにおいても事情はかわらないはずである。

おわりに

Afterword

ルチアーノ・パヴァロッティ。この大テノールの黄金の声に導かれたところからはじまった。イタリアの澄みきった空に染みわたるかのような、いや、空そのもののような明るい声と、問答無用に快感を覚えさせられてしまう高音。聴き惚れるために理屈は必要がなかった。

声を聴くのが快感なのだから、イタリア・オペラの敷居はなんと低かったことか。しかし、いったん入口をくぐると、いろいろなことが気になりだした。パヴァロッティの声は若いころとくらべて重くなったな。若いころは高音が輝かしくてよく伸びたんだな。昔はいまとちがって声をすみずみまでコントロールしていたんだな——。一人の歌手のキャリアのうえで声が変遷をとげていると知って、声への理解が深まった。年をかさねるごとに歌い方が弛緩《しかん》しているのに気づくと、そういうことがないアルフレード・クラウスの偉大さに気づかされた。だが、弛《ゆる》んだ歌であっても、あいかわらず声の魅力に圧倒させられている自分がいた。

しだいにレパートリーを変えていることにも気づいた。ドニゼッティやベッリーニを多く歌っていたパヴァロッティが、いつしかヴェルディやプッチーニを中心に歌うようになっていた。それを機に作曲家ごとの特徴のちがいが気になりはじめ、おのずと歴史にも興味が向かった。また、パヴァロッティが歌うおなじオペラの異なる演奏を聴くと、それぞれディテールが微妙にちがう。すると楽譜の細部へ関心が向かう。書かれていないことが慣習的に演奏されたり、書かれているのにカットされたりするものなのだ、と知らされる。

このように快楽に導かれてでも、それなりに深くまでもぐっていける。そしてもぐればもぐるほど、イタリア・オペラという南国のサンゴ礁のような豊穣《ほうじょう》の海の彩りの美しさと、生態系の豊かさに心を奪われた。あたかもサンゴへの落書きのような、ほんらいのもち味をそこなう残念な仕打ちに心を痛めることがあっても、一方で修復に手をゆるめない人たちがいることを知って、安堵した。

いずれにせよ、イタリア・オペラはドイツなどの音楽にくらべれば、理性よりも感性に訴える傾向があるのはたしかだろう。そうだとしても、それは価値の高低とは関係ない。むしろ快感を入口としながら、途方もなく豊かで深い世界へと導いてくれる、魔法のような芸術ではないだろうか。それは私の、いつわりのない実感である。

しかし――。イタリア・オペラの周囲は、いまなお誤解に囲まれている。鮮やかな美しさを、わざわざ曇ったレンズで眺めている人がいる。本書には、その鮮やかさを裸眼で眺め、そこに飛びこんで豊さの海を心ゆくまで遊泳してほしい、という願いがこめられている。毎日新聞「クラシック・ナビ」

の連載「イタリア・オペラの楽しみ」や、オペラ公演のプログラムなどに書いた原稿を土台に、大幅に加筆、修正したうえで、書き下ろしを加えた。

本書の出版にあたっては、当初から私の提案を興味深く聞いて、内容を評価してくださったアルテスパブリッシングの木村元氏に、この場を借りて謝意を述べたい。書名の『イタリア・オペラを疑え!』は、木村氏のひらめきに私が即座に同意したものである。編集の実務にさいしては江森一夫氏にお世話になった。

本書を献呈したいと思っていた人がいる。指揮者であり音楽学者であったアルベルト・ゼッダ氏である。ゼッダ氏からはベルカントの美しさと難しさ、ロッシーニの演奏はどうあるべきか等々、多くを教わった。話す内容が示唆に富んでいたのはもちろんのこと、きらきらと輝くその目に惹かれた。ロッシーニのオペラの魅力を語るとき、八十歳をすぎ、八十五歳をすぎ、九十歳に近づいても、いつも少年のように目を輝かせて、うれしそうに語った。ゼッダ氏の目にまさる説得力で、イタリア・オペラの豊かさを伝えることは不可能だと思われた。

それがオペラの稽古のときは、ときに鬼のような形相になる。演奏のありかたにそれだけ厳しかったのだが、私にはいつもやさしい眼差しを向けてくれた。おまえは演奏ができないかわりに、ロッシーニの、ベルカントの、イタリア・オペラの魅力を伝えるメッセンジャーになれ。やさしい眼差しでそう訴えられていると感じていた。だからゼッダ氏に本書を捧げたかったのだが、執筆中の二〇一七年三月六日、八十九歳でこの世から旅立ってしまわれた。

いま僭越《せんえつ》ながら、ゼッダ氏の墓前に本書を捧げたい。ゼッダ氏の思いに少しでも報いることができるかどうか。はなはだ不安ではあるけれど、わずかでも叶ったなら、それほどうれしいことはない。

二〇一七年十二月

香原斗志

―― 索　引 ――

作品については作曲家の見出しの下位にゴシックで記した。

【ア】

東敦子　210, 220
アダーミ，ジュゼッペ　168
アッバード，クラウディオ　112, 215, 216
アルバレス，カルロス　135, 138
アルファーノ，フランコ　172
アルベロ，セルソ　181, 182
アングル，ジャン・オーギュスト・ドミニク　146, 147, 152
アントニーニ，ジョヴァンニ　120

イヴァーン・チャンパ，フランチェスコ　074
イェーニッシュ，ダニエル　017
イェンデ，プリティ　181, 182
イッリカ，ルイージ　099, 164, 165

ヴァザーリ，ジョルジョ　048
ヴァレージ，フェリーチェ　034, 035, 081
ヴァン・ダイク，エルネスト　194
ヴィヴァルディ，アントーニオ　012, 105
　メッセーニアの神託　105, 106
ヴェルガ，ジョヴァンニ　154, 166
ヴェルディ，ジュゼッペ　002, 010, 012, 015, 019, 031, 033, 034, 035, 036, 041, 042, 044, 047, 051, 059, 064, 066, 067, 068, 069, 070, 074, 079, 080, 081, 082, 083, 084, 085, 087, 089, 090, 091, 093, 095, 102, 110, 117, 127, 128, 130, 131, 132, 133, 134, 135, 136, 137, 138, 139, 140, 141, 142, 143, 144, 145, 146, 147, 148, 149, 150, 151, 152, 155, 156, 157, 167, 169, 174, 184, 186, 191, 199, 200, 203, 212, 213, 214, 216, 217, 221, 230, 231, 232, 234, 235, 237, 241, 247
　アイーダ　051, 073, 074, 091, 092, 093, 095, 145, 158, 167, 217
　アッティラ　059
　イル・トロヴァトーレ　044, 066, 067, 073, 080, 082, 212, 235, 237
　運命の力　040, 144
　オテッロ　110, 140, 146, 151, 152, 212, 216, 217, 218
　海賊　184
　仮面舞踏会　041, 087, 088, 089, 151, 217
　群盗　214
　シモン・ボッカネグラ　145, 199, 200, 214
　ジョヴァンナ・ダルコ　135, 137, 138, 158
　第一次十字軍のロンバルディア人（ロンバルディ）　059, 128, 129
　ドン・カルロ　102, 141, 142, 143, 145
　ドン・カルロス　142, 143, 145
　ナブッコ（ナブコドノゾール）　128, 129, 130, 131, 132, 133, 134, 135, 212, 231, 232, 237
　ファルスタッフ　127, 217
　二人のフォスカリ　214
　マクベス　034, 035, 135, 200, 217
　ラ・トラヴィアータ　077, 079, 080, 081, 082, 083, 084, 085, 086, 102, 137, 158, 167, 199, 217, 222
　リゴレット　044, 081, 086, 135, 136, 192, 199, 217
　ルイーザ・ミラー　158, 200
　レクイエム　145
　レニャーノの戦い　130
ヴェルバ，マルクス　077
ヴェント，アマデウス　018
ヴェントレ，カルロ　157

エレオノーラ・ディ・トレド　236

オズボーン，ジョン　120

【カ】

カタラーニ，アルフレード　155
ガッティ，ダニエーレ　213
カップッチッリ，ピエロ　133
カバリエ，モンセラ　118, 119
カプアーノ，ジャンルーカ　108
カマレナ，ハビエル　171
カラヴァッジョ，ミケランジェロ・メリージ・ダ　233

カラス，マリア　118
カラヤン，ヘルベルト・フォン　215
カルーゾ，エンリーコ　157
カレ，アルベール　098
カレーラス，ホセ　031
カレスティーニ，ジョヴァンニ　108
カレヤ，ジョセフ　123

キーゼヴェッター，ラファエル・ゲオルク　018
キウリ，アンナ・マリア　073
ギスランツォーニ，アントーニオ　144
ギルランダイオ，ドメニコ　242, 243
喜波貞子　209, 211

グエルチーノ　104, 105, 106
グスタフ三世　087
クッキ，ロゼッタ　193
グノー，シャルル　186, 191
　　ロメオとジュリエット　187, 191
クラウス，アルフレード　180, 181, 185, 195, 198, 245
グラツィアーニ，ルドヴィーコ　082
グリージ，ジューリア　071, 116
グリゴーロ，ヴィットーリオ　183, 184, 185, 186, 187, 188
クルシェニスキ，サロメア　207
グルック，クリストフ・ヴィリバルド　016, 208
　　オルフェオとエウリディーチェ　208
グルベローヴァ，エディタ　041
クンデ，グレゴリー　068

ゲーテ，ヨハン・ヴォルフガング・フォン　192
ゲッダ，ニコライ　180

コーリエ，パトリス　140
コジモ一世　236
ゴッツィ，カルロ　168
ゴッビ，ティート　133
小堀勇介　189
小村寿太郎　097
コルブラン，イザベラ　150
コレッティ，フィリッポ　084
コレッリ，アルカンジェロ　012
コレッリ，フランコ　119, 184

【サ】

サヴォナローラ，ジローラモ　238
サッケーロ，ジャコモ　060
ザネッラート，リッカルド　234
サポリーティ，テレーザ　036
サルヴィーニ・ドナテッリ，ファンニ　079, 080, 082, 083, 084
ザンドナーイ，リッカルド　218
　　フランチェスカ・ダ・リーミニ　218

ジーリ，ベニャミーノ　15
シェイクスピア，ウィリアム　147, 148, 149
シエラ，ナディーン　077, 078
ジェルメッティ，ジャンルイージ　215
シモーニ，レナート　168
シャイー，リッカルド　135, 139
ジャコーザ，ジュゼッペ　099, 164, 165
ジャコミーニ，ジュゼッペ　184
シューベルト，フランツ　011
シュテンメ，ニーナ　173
シュトラウス，リヒャルト　207, 217
　　エレクトラ　207
　　サロメ　207, 216
ジュリアーノ，ヌムール公　050
ジュリーニ，カルロ・マリア　215
ジョエル，アレキサンダー　173
ジョー，スミ　120
ショーペンハウアー，アルトゥル　022, 023, 024
ジョルダーノ，ウンベルト　153, 155, 156, 170, 219
　　アンドレア・シェニエ　153, 156, 157, 219
　　堕落した生活　156
シラー，フリードリヒ・フォン　141, 142, 143
シラグーザ，アントニーノ　124

スカルラッティ，アレッサンドロ　012
スキーパ，ティート　157, 195
スコット，レナータ　118, 210
スタンダール　052, 053, 114, 115, 116, 117, 119, 148
ストルキオ，ロジーナ　206, 207, 211
ストレッポーニ，ジュゼッピーナ　132, 232
スペーツィア，マリア　084

ゼッダ，アルベルト　051, 064, 247, 248, 249
セラフィン，トゥーリオ　216

ソデリーニ，ピエロ　238
園田隆一郎　051, 052
ゾラ，エミール　153
ソレーラ，テミストークレ　129, 132
ソンツォーニョ，エドアルド　098
ソンマ，アントーニオ　087, 089

【タ】

ダヴィド，ジョヴァンニ　150, 178, 197
滝廉太郎　011
タッデイ，ジュゼッペ　199
ダ・ポンテ，ロレンツォ　001, 036
タマーニョ，フランチェスコ　151

チェドリンス，フィオレンツァ　072
チマローザ，ドメニコ　121
チレーア，フランチェスコ　155, 169

デ・アナ，ウーゴ　072, 073
ティーク，ルートヴィヒ　017
ディ・サルサ，フランチェスコ・ベーリオ　148
ディ・ステーファノ，ジュゼッペ　184
デヴィーア，マリエッラ　040, 119, 224, 226
デッシー，ダニエラ　211
テバルディ，レナータ　210, 211
テミルカーノフ，ユーリ　215
デムーロ，フランチェスコ　077
デュプレ，ジルベール・ルイ　077, 178, 180
デュマ・フィス　081
デルモナコ，マリオ　119
デ・ロス・アンヘレス，ヴィクトリア　210

ドガ，エドガー　105, 107, 146, 152
トスカニーニ，アルトゥーロ　207, 218
ドナテッロ　239
ドニゼッティ，ガエターノ　002, 011, 015, 041, 042, 043, 058, 059, 060, 061, 062, 063, 068, 070, 076, 078, 121, 123, 125, 126, 127, 132, 133, 137, 139, 169, 174, 176, 178, 184, 186, 192, 206, 228, 232, 246
　愛の妙薬　059, 061, 063, 121, 123, 124, 125, 126, 127, 186, 199
　アルバ公爵　184
　アンナ・ボレーナ　059
　シャモニーのリンダ　060
　ドン・パスクワーレ　060, 061, 121, 125, 126, 127, 206
　パリの伯爵ウーゴ　059
　ベリザーリオ　132
　ランメルモールのルチア　061, 063, 070, 071, 072, 074, 178, 191, 197
　ルクレツィア・ボルジア　192, 195
　連隊の娘　176
ドミンゴ，プラシド　031, 140, 236
トリースト，ヨハン・カール・フリードリヒ　016, 017
トルナブォーニ，ジョヴァンニ　243
ド・レシュケ，ジャン　194
ドンゼッリ，ドメニコ　071, 119, 120

【ナ】

ナポレオン・ボナパルト　017, 053, 072, 073, 122

ヌツィオ，エマヌエーレ　079
ヌッチ，レオ　140, 199, 200, 201, 202, 203

ネトレプコ，アンナ　069, 135, 138, 139, 235

ノセダ，ジャナンドレア　092, 093, 094, 095
ノッツァーリ，アンドレア　150, 151

【ハ】

パイジエッロ，ジョヴァンニ　121
ハイドン，フランツ・ヨーゼフ　011, 017, 018, 053
バイロン，ジョージ・ゴードン　148
パヴァロッティ，ルチアーノ　031, 176, 177, 180, 184, 186, 245, 246
パスタ，ジュディッタ　071, 114, 115, 116, 117, 118, 119
長谷川敏子　210
ハッセ，ヨハン・アドルフ　016
バッティストーニ，アンドレア　043, 044, 066, 067, 069, 212, 216, 217, 218
パッパーノ，アントーニオ　034, 039, 216
バッハ，ヨハン・ゼバスティアン　011, 013, 016
パネライ，ロランド　199

林康子　210, 220
パラシオ，エルネスト　065, 191, 228
バリオーニ，アントーニオ　036
バルザック，オノレ・ド　053, 054
バルチェッローナ，ダニエラ　068
バルトリ，チェチーリア　108, 118, 119, 120, 191
パルンボ，レナート　231
パレストリーナ，ジョヴァンニ・ダ　012
パンパニーニ，ロゼッタ　207

ピアーヴェ，フランチェスコ・マリア　081, 082, 085
ビオンディ，ファビオ　105, 106
ビゼー，ジョルジュ　154, 206, 212
　カルメン　142, 154, 206, 212
ピッツィ，ピエール・ルイージ　221, 227

ファーラー，ジェラルデン　207
ファルノッキア，セレーナ　171
フィリップ，ルイ　129
フィンク，ゴットフリート・ヴィルヘルム　018
フェオーラ，ローザ　171
フェルメール，ヨハネス　233
フォスター，スティーブン　011
フォルケル，ヨハン・ニコラウス　017
プッチーニ，ジャコモ　011, 015, 019, 051, 059, 074, 079, 096, 098, 099, 100, 101, 102, 155, 158, 159, 160, 164, 165, 166, 167, 168, 169, 172, 173, 174, 186, 206, 207, 209, 211, 213, 214, 216, 217, 218, 221, 229, 246
　三部作　059, 158
　西部の娘　159, 167
　蝶々夫人　079, 083, 096, 097, 098, 099, 101, 159, 167, 205, 206, 207, 208, 209, 212, 219, 220
　つばめ　159, 167
　トゥーランドット　074, 159, 168, 169, 172, 174, 212, 217 218
　トスカ　099, 101, 159, 212, 216, 218
　マノン・レスコー　101, 159, 167
　ラ・ボエーム　051, 101, 158, 159, 160, 163, 164, 165, 166, 186, 214, 229
フュシュ，ジュリー　171
ブラウンリー，ローレンス　181, 182
プラタニアス，ディミトリ　232, 233
ブランキーニ，スザンナ　232, 233
フランケッティ，アルベルト　155
フリードキン，ウィリアム　092
フリードリヒ一世　130
フリッツァ，リッカルド　074, 075, 076, 077
フリットリ，バルバラ　140
フレーニ，ミレッラ　211
フレッツォリーニ，エルミニア　138
フローレス，フアン・ディエゴ　179, 180, 189, 190, 191, 192, 194, 195, 196, 197, 198

ヘーゲル，ゲオルク・ヴィルヘルム・フリードリヒ　019, 020, 021, 022, 024, 025, 113
ベートーヴェン，ルートヴィヒ・ヴァン　011, 018, 051, 052, 053, 054, 055, 056, 072, 217
　フィデリオ　055
ベッリーニ，ヴィンチェンツォ　011, 015, 041, 042, 043, 068, 070, 071, 074, 114, 116, 120, 133, 139, 169, 174, 177, 179, 181, 182, 184, 197, 203, 206, 212, 219, 228, 246
　海賊　177, 179
　カプレーティとモンテッキ　219
　清教徒　071, 116, 177, 178, 179, 180, 181, 182, 212
　ノルマ　070, 071, 072, 073, 074, 114, 116, 118, 119
　夢遊病の女　206
ベラスコ，デイヴィッド　097, 099, 100
ペリッツァーリ，ルーベンス　074
ベルク，アルバン　173
　ヴォツェック　173
ベルティ，マルコ　093
ヘルマニス，アルヴィス　235, 237
ヘンデル，ゲオルク・フリードリヒ　011, 013, 016, 108, 109, 230
　アリオダンテ　108, 109
　エジプトのジューリオ・チェーザレ　109
　メサイア　230

ボーイト，アッリーゴ　147, 149, 150, 200
ボニング，リチャード　119
ホフマン，E・T・A　018
ホルテン，カスパー　039
ボロス，チッラ　073
ポンセル，ローザ　117
ボンディーニ，カテリーナ　036

【マ】

マイール，ジョヴァンニ・シモーネ　061
マイヤベーア，ジャコモ　192
　ユグノー教徒　192, 198
マスカーニ，ピエトロ　041, 154, 155, 156, 166, 169, 209, 212, 218
　イリス　156, 209, 212, 218
　カヴァッレリーア・ルスティカーナ　041, 154, 155, 166
　友人フリッツ　218
マスネ，ジュール　187, 191, 193, 194, 206
　ウェルテル　192, 193, 206
　マノン　187, 206
マッシ，リッカルド　173
マッテイ，スタニスラオ　061
マッテウッツィ，ウィリアム　180
マリアーニ，アンジェロ　079, 084
マリアーニ，カルロ　080, 081, 082
マリオッティ，ミケーレ　119, 193, 194, 213, 216, 218, 241
マリブラン，マリア　116, 118
マルコリーニ，マリア　222
マルコワ，ズザーナ　078
マルターラー，クリストフ　1712
マルティーニ，ジョヴァンニ　037

三浦環　207, 208, 209, 220
ミキエレット，ダミアーノ　241, 242
ミケーリ，フランチェスコ　078
ミケランジェロ・ブオナローティ　045, 047, 048, 049, 050, 062, 234, 238, 243
ミチェッリ，カテリーナ　036
ミュルジェ，アンリ　160, 164
ミョンフン，チョン　202

ムーティ，リッカルド　119, 140, 215
ムスカート，レオ　233, 234
陸奥宗光　097

メイ，エヴァ　119
メーリ，フランチェスコ　068, 135, 138, 140, 235
メッテルニヒ，クレメンス・フォン　129
メルカダンテ，サヴェリオ　021
　ドラリーチェ　021

モーツァルト，ヴォルフガング・アマデウス　001, 011, 013, 018, 022, 037, 038, 053, 077, 167, 213, 228
　コジ・ファン・トゥッテ　001
　ドン・ジョヴァンニ　001, 013, 036, 038
　フィガロの結婚　001, 013, 022, 167
モーパッサン，ギ・ド　153
モシュク，エーレナ　069
モンテヴェルディ，クラウディオ　012

【ヤ】

山田耕筰　011
山本康寛　189

【ラ】

ライザー，モーシェ　139
ラッファエッロ・サンティ　062
ラチヴェリシュヴィリ，アニタ　093

リコルディ，ジューリオ　098, 099, 164, 166

ルイージ，ファビオ　181
ルイス，クリスティン　093
ルイゾッティ，ニコラ　037
ルーサー・ロング，ジョン　096
ルスティオーニ，ダニエーレ　171, 212, 214, 216, 218, 221, 227, 228
ルソー，ジャン＝ジャック　014, 015, 021
ルビーニ，ジョヴァンニ・バッティスタ　178, 180, 181, 182, 192, 197, 198

レージネヴァ，ユリア　106
レーマン，リリー　117
レオンカヴァッロ，ルッジェーロ　155, 166, 169, 218
　道化師　155, 166, 218
レナード，イザベル　193
レミージョ，カルメラ　119
レンゼッティ，ドナート　213

ロイ，クリストフ　109
ロチャ，エドガルド　171
ロッシーニ，ジョアキーノ　002, 011, 015, 018, 019, 021, 022, 023, 024, 025, 028, 029, 030, 040, 041, 042, 045, 046, 047, 049, 051, 052, 053, 054, 055, 056, 058, 063, 064, 065, 068,

069, 070, 071, 079, 110, 111, 112, 113, 114, 115, 116, 119, 121, 133, 136, 137, 138, 143, 147, 148, 149, 150, 151, 152, 170, 171, 175, 177, 178, 181, 189, 190, 191, 196, 197, 198, 203, 213, 214, 220, 221, 223, 227, 231, 241, 242, 247
アディーナ　054
イギリス女王エリザベッタ　045, 054
イタリアのトルコ人　197, 220
エジプトのモゼ　133, 231
オテッロ　022, 120, 146, 177, 197, 197
オリー伯爵　045, 046, 111, 112, 196
ギヨーム・テル　045, 143, 178, 213
試金石　219, 219, 226
新聞　054
セビリャの理髪師　022, 045, 054, 055, 064, 065, 079, 121, 220, 224
セミラーミデ　051, 054, 055, 056, 057, 177
ゼルミーラ　022, 054, 056, 178, 198
泥棒かささぎ　054
マティルデ・ディ・シャブラン　022, 054, 120, 190, 197
湖の女　177, 198, 213, 241, 242
ラ・チェネレントラ　045, 054, 064, 065, 120, 190, 196, 219, 224
ランスへの旅　045, 110, 111, 112, 120, 170, 171, 174, 189
リッチャルドとゾライデ　054
ロッリ，ジュゼッペ　036
ロティ，ピエール　097, 099
ロマーニ，フェリーチェ　059
ロレンツォ（イル・マニーフィコ）　243
ロレンツォ（ウルビーノ公）　050
ロンコーニ，ジョルジョ　132, 133, 134, 232

【ワ】

ワーグナー, リヒャルト　002, 015, 023, 024, 026, 029, 030, 031, 047, 110, 160, 207, 216
トリスタンとイゾルデ　216
ニーベルングの指環　207
ローエングリン　194
脇園彩　219, 220, 221, 222, 223, 224, 225, 226, 227, 228
渡辺葉子　210

──参考文献──

【日本語文献】

＊戸口幸策『オペラの誕生』（平凡社ライブラリー、2006）
＊水谷彰良『新 イタリア・オペラ史』（音楽之友社、2015）
＊岡田暁生『オペラの運命　十九世紀を魅了した「一夜の夢」』（中公新書、2001）
＊水谷彰良『プリマ・ドンナの歴史』Ⅰ、Ⅱ（東京書籍、1998）
＊石井宏『反音楽史　さらば、ベートーヴェン』（新潮社、2004）
＊吉田寛『ヴァーグナーのドイツ　超政治とナショナル・アイデンティティのゆくえ』（青弓社、2009）
＊吉田寛『〈音楽の国ドイツ〉の系譜学 3　絶対音楽の美学と分裂する〈ドイツ〉　十九世紀』（青弓社、2015）
＊石川伊織「旅の日のヘーゲル ── 美学体系と音楽体験：1824 年 9 月ヴィーン ── 」『県立新潟女子短期大学研究紀要』（2008）
＊辻昌宏『オペラは脚本から』（明治大学出版会、2014）
＊高崎保男『オペラの歓び』上、下（音楽之友社、1998）
＊高崎保男『ヴェルディ全オペラ解説』１、２、３（音楽之友社、2011 ～ 2015）
＊永竹由幸『ヴェルディのオペラ　全作品の魅力を探る』（音楽之友社、2002）
＊小畑恒夫『ヴェルディ』（音楽之友社、2004）
＊加藤浩子『ヴェルディ　オペラ変革者の素顔と作品』（平凡社新書、2013）
＊星出豊『ジャコモ・プッチーニ』（知玄舎、2003）
＊永竹由幸監修『新潮オペラＣＤブック　プッチーニ　ラ・ボエーム』（新潮社、1995）
＊永竹由幸監修『新潮オペラＣＤブック　プッチーニ　蝶々夫人』（新潮社、1996）

【翻訳文献】

＊ピエルフランチェスコ・トージ『ベル・カントへの視座　昔時及び当節の歌い手に対する見解と、装飾の施された歌唱への所見』渡部東吾訳・注解（アルカディア書店、1994）
＊ジャンバッティスタ・マンチーニ『ベル・カントの継承　18 世紀ヴェネツィア、絢爛たるバロック・オペラ制作のてんやわんやの舞台裏』渡部東吾訳・注解（アルカディア書店、1990）
＊ベネデット・マルチェッロ『当世流行劇場』小田切慎平・小野里香織訳（未來社、2002）
＊ジャン＝ジャック・ルソー『言語起源論　旋律と音楽的模倣について』増田真訳（岩波文庫、2016）
＊『ルソー全集』第 12 巻　高橋達明・海老沢敏訳（白水社、1983）
＊Ｇ.Ｗ.Ｆ.ヘーゲル『美学講義』下、長谷川宏訳（作品社、1996）
＊ショーペンハウアー『意志と表象としての世界』Ⅰ、Ⅱ、Ⅲ、西尾幹二訳（中公クラシックス、2004）
＊ロベルト・シューマン『音楽と音楽家』吉田秀和訳（岩波文庫、1958）
＊スタンダール『イタリア紀行　1817 年のローマ、ナポリ、フィレンツェ』臼田紘訳

（新評論、1990）
＊スタンダール『ロッシーニ伝』山辺雅彦訳（みすず書房、1992）
＊『スタンダール　スカラ座にて』ジュゼッペ・ピントルノ編／西川長夫訳（音楽之友社、1993）
＊『バルザック　芸術／狂気　小説選集②　【音楽と狂気】篇』博多かおる他訳（水声社、2010）
＊『ワーグナー著作集3　オペラとドラマ』三光長治監修／杉谷恭一・谷本慎介訳（第三文明者、1993）
＊コーネリウス・L．リード『ベル・カント唱法 その原理と実践』渡部東吾訳（音楽之友社、1987）
＊アンガス・ヘリオット『カストラートの世界』美山良夫監訳（国書刊行会、1995）
＊フーベルト・オルトケンパー『心ならずも天使にされ　カストラートの世界』荒川宗晴・小山田豊・富田裕訳（国文社、1997）
＊ウィリアム・ウィーヴァー『イタリア・オペラの黄金時代　ロッシーニからプッチーニまで』大平光雄訳（音楽之友社、1998）
＊ミヒャエル・ヴァルター『オペラハウスは狂気の館　19世紀オペラの社会史』小山田豊訳（春秋社、2000）
＊M．カッロッツォ／C．チマガッリ『西洋音楽の歴史』第1巻～第3巻、川西麻理訳（シーライトパブリッシング、2009～2011）
＊スタンリー・セイディ編『新グローヴ　オペラ事典』中矢一義・土田英三郎日本語監修（白水社、2006）
＊グリエルモ・バルブラン／ブルーノ・ザノリーニ『ガエターノ・ドニゼッティ　ロマン派音楽家の生涯と作品』高橋和恵訳（東成学園昭和音楽大学、1998）
＊ウィリアム・ウィーヴァー他編著『評伝プッチーニ　その作品・人・時代』（音楽之友社、2004）
＊ジュリアン・バッテン『ジャコモ・プッチーニ　生涯と作品』大平光雄訳（春秋社、2007）
＊ルイジ・リッチ『プッチーニが語る　自作オペラの解釈と演奏法』三池三郎訳（音楽之友社、2007）
＊ジョルジョ・ヴァザーリ『ルネサンス画人伝』平川祐弘・小谷年司・田中英道訳（白水社、1982）
＊ジョルジョ・ヴァザーリ『続ルネサンス画人伝』平川祐弘・仙北谷茅戸・小谷年司訳（白水社、1995）

【外国語文献】
＊ CELLETTI, Rodolfo, *Storia del belcanto*, La Nuova Italia, 1983
＊ CELLETTI, Rodolfo, *Voce di tenore*, Idea Libri, 1989
＊ CELLETTI, Rodolfo, *La grana della voce*, Baldini & Castoldi, 2000
＊ JUVARRA, Antonio, *I segreti del belcanto*, Edizioni Curci, 2006

＊ JUVARRA, Antonio, *Canto perduto, canto ritrovato*, Armando Editore, 2014
＊ BRUNO, Giovanna, PAPERI, Valerio, *La voce cantata*, Verduci Editori, 2001
＊ MILHOLT, Thomas, *Le opere dimenticate del melodramma italiano*, Giorgio Pozzi Editore, 2016
＊ ZEDDA, Alberto, *Divagazioni Rossiniane*, Ricordi, 2012
＊ RESCIGNO, Eduardo, *Dizionario Rossiano*, Biblioteca Universale Rizzoli, 2002
＊ *Edizione Critica delle opere di Gioachino Rossini,* Fondazione Rossini, 1979 ～
＊ MILESI, Silvana, *Gaetano Donizetti. Una vita di romantiche armonie. L'arte della musica. La musica nell'arte*, Corponove, 2002
＊ DI LAURO, Carlo, *La serietà nel buffo. Il melodramma italiano e l'arte di Gaetano Donizetti*, Youcanprint, 2014
＊ Introduzione di CHECCHI, Eugenio, *Donizetti, Gaetano*, *Lettere agli Amici*, Neo Classica,2016
＊ A cura di CENTO, Francesco, *Dizionario Donizettiano*, Libreria musicale itaniana, 2016
＊ FLORIMO, Francesco, BELLINI, Vincenzo, *Bellini*: *Memorie E Lettere a Cura*, Kessinger Publishing, 2012
＊ BUDDEN, Julian, *Le Opera di Verdi*, Edizione di Torino, 1986
＊ MUTI, Riccardo, *Verdi, L'italiano*, Biblioteca Universale Rizzoli, 2012
＊ A cura di OBERDORFER, Aldo, *Giuseppe Verdi : Autobiografia delle lettere*, Biblioteca Universale Rizzoli, 1981
＊ A cura di RESCIGNO, E, *VERDI, Giuseppe, Lettere*, Einaudi, 2012
＊ RESCIGNO, Eduardo, *Dizionario Verdiano*, Biblioteca Universale Rizzoli, 2001
＊ *The Works of Giuseppe Verdi*, The University of Chicago Press, 1983 ～
＊ A cura di LUPERINI, Romano, *Il verismo italiano fra naturalismo francese e cultura europea*, Manni, 2007

【写真協力】
新国立劇場ボックスオフィス
http://www.nntt.jac.go.jp/opera/
Tel: 03-5352-9999

香原斗志（かはら・とし）

オペラ評論家、音楽評論家。神奈川県生まれ。早稲田大学卒業、専攻は歴史学。イタリア・オペラなどの声楽作品を中心にクラシック音楽全般について音楽専門誌、新聞、CDなどのライナーノーツ、オペラやコンサートの公演プログラムなどに原稿を執筆。歌声の正確な分析に定評がある。著書に『イタリアを旅する会話』（三修社）、共著に『イタリア文化事典』（丸善出版）。

ARTES

artespublishing.com

イタリア・オペラを疑《うたが》え！
名作《めいさく》・歌手《かしゅ》・指揮者《しきしゃ》の真実《しんじつ》をあぶり出《だ》す

二〇一八年二月一五日　初版第一刷発行

著者……………香原斗志《かはらとし》
発行者…………鈴木　茂・木村　元
発行所…………株式会社アルテスパブリッシング
〒一五五-〇〇三二
東京都世田谷区代沢五-一六-二三-三〇三
TEL　〇三-六八〇五-二八八六
FAX　〇三-三四一一-七九二七
info@artespublishing.com

印刷・製本……太陽印刷工業株式会社
編集協力………編集工房アモルフォ
装丁……………福田和雄（FUKUDA DESIGN）

ISBN978-4-86559-176-7 C1073 Printed in Japan